FACULTÉ DE DROIT DE PARIS.

DE LA GARANTIE

EN CAS

D'ÉVICTION DANS LA VENTE

EN DROIT ROMAIN ET EN DROIT FRANÇAIS

THÈSE POUR LE DOCTORAT

Par Léon-Théodore GERMAIN,

Avocat à la Cour impériale.

PARIS

IMPRIMERIE DE MOQUET

11, Rue des Fossés-Saint-Jacques, 11

1866

DE LA GARANTIE

EN CAS

D'ÉVICTION DANS LA VENTE

EN DROIT ROMAIN ET EN DROIT FRANÇAIS

THÈSE POUR LE DOCTORAT

Par Léon-Théodore GERMAIN,

Avocat à la Cour impériale.

SOUTENUE

le Jeudi 21 Juin 1866, à 9 heures et demie

En présence de M. l'Inspecteur-général **Ch. Giraud**

Président : M. COLMET DE SANTERRE, Professeur.

SUFFRAGANTS :
- MM. VALETTE
- ORTOLAN
- DEMANGEAT
- GÉRARDIN

Professeurs

Agrégé

PARIS

IMPRIMERIE DE MOQUET

11, Rue des Fossés-Saint-Jacques, 11

1866

MEIS ET AMICIS.

DROIT ROMAIN

DE LA GARANTIE

EN CAS

D'ÉVICTION DANS LA VENTE

NOTIONS GÉNÉRALES

L'étymologie du mot *evincere* nous fait concevoir l'idée d'une victoire remportée et d'un vainqueur dépouillant le vaincu de l'objet contesté. En droit l'éviction supposera une sentence du juge favorable à l'évinçant. Mais il ne faudrait pas considérer comme évincée toute personne judiciairement dépouillée d'une chose. Par exemple, la revendication du propriétaire contre le voleur ne constituera pas une éviction; il n'y a, en effet, d'éviction que lorsque le vaincu possédait la chose en vertu d'un juste titre. Nous dirons donc avec M. Ortolan : « Évincer, c'est enlever par une victoire judiciaire et en vertu d'un droit préexistant, une chose à celui qui la possédait par une juste cause d'acquisition. »

Le juste titre rattache le plus souvent celui qui l'invoque à un auteur qui est ordinairement un garant contre lequel il peut recourir. C'est ce qui arrive pour le vendeur d'abord. Il en est de même du coéchangiste et de celui qui a fait une *datio in solutum* en cas d'éviction de la chose donnée en échange(1), ou en paiement(2). Il faut en dire autant des cohéritiers et des communistes ; ils sont réciproquement garants de l'éviction survenue après le partage au préjudice de l'un d'eux (3). Nous laisserons de côté toutes ces hypothèses pour nous occuper exclusivement de l'éviction survenue dans la vente. Du reste, presque toutes les lois romaines sur l'éviction, surtout dans le titre 21, tit. 2 au Digeste, ont leurs espèces tirées de la vente ; comme si c'était la seule matière qui donnât lieu à l'éviction. Ce que nous avons dit précédemment montre assez combien cette idée serait fausse ; mais par le fait, au moins, les jurisconsultes romains ont fait du contrat de vente, le centre de l'éviction

(1) L. 1, Code *de rer. per.*
(2) L. 46, *de solut.*
(3) L. 25 § 1, *fam. ercis.* L. 14, Code, *eod. tit.* L. 7, Code *comm. utr. jud.*

et de la garantie, comme étant le plus fréquent et le plus important des contrats.

On conçoit que le danger d'une éviction devait préoccuper vivement l'acheteur, puisqu'il l'exposait à perdre ou la chose entière ou une partie de cette chose ; aussi la législation Romaine lui accordait-elle deux voies de recours contre son vendeur, en cas d'éviction: L'action *ex empto* et l'action *ex stipulatu duplæ*. L'action *ex empto* c'est l'action qui est donnée à l'acheteur pour obtenir du vendeur l'exécution des obligations, qu'il a contractées par la vente. Voilà son objet général. Elle ne reçoit qu'une de ses applications particulières, lorsqu'elle est intentée *evictionis nomine*. L'action *ex stipulatu duplæ* naît de la stipulation par laquelle le vendeur promet à l'acheteur de lui restituer le double du prix, s'il vient à être évincé.

Dans le très-ancien droit Romain, alors que la vente n'existait pas encore comme contrat, il fallait que les parties recourusssent à la stipulation pour créer des obligations à la charge du vendeur. C'est ainsi que ce dernier devait faire trois promesses : « 1° *Cautio de Re vendita;* « 2° *Cautio de vitiis et morbis rei venditæ;* 3° « *Stipulatio duplæ.* » S'agissait-il de chose de quelque valeur, le vendeur devait, lors de la vente, à défaut de convention spéciale, répondre à la *stipulatio duplæ*. S'il s'y refusait, l'acheteur avait le droit d'intenter contre lui l'action *ex empto*. Car dans les actions de bonne foi, comme l'était l'action *ex empto*, il est de règle que l'office du juge peut, autant que la stipulation elle-même (1), et que les parties sont obligées à tout ce que comportent les usages et les coutumes (2). Si donc le vendeur, en contractant, n'avait pas voulu fournir cette *cautio*, il aurait dû s'en expliquer. Son silence lui donnait tort; il devait être condamné envers l'acheteur au double du prix (3). De même, grâce encore à la nature de l'action *ex empto*, si l'acheteur avait omis de faire intervenir au moment du contrat, la *stipulatio duplæ*, il pouvait agir *ex empto* contre son vendeur pour obtenir de lui la promesse exigée par l'usage, à moins de convention contraire (4) ; et même, si l'éviction avait déjà eu lieu, il devait encore obtenir, bien qu'en l'absence de toute promesse, ce qu'il aurait obtenu de son vendeur s'il y avait eu stipulation, c'est-à-dire le double du prix (5). On a même été jusqu'à penser que l'acheteur avait le droit d'exiger ce double avant

(1) L. 7, *de neg. gest.*
(2) L. 31 § 20, *de œdil. edicto.*
(3) L. 2, D. *de evictionibus.*
(4) L. 37, D. *de evict.*
(5) L. 2, *de evict.*

toute éviction ; mais je ne puis me ranger à cette opinion ; car il me semble qu'il eût été fort injuste de condamner le vendeur à payer immédiatement le double du prix, tandis que l'acheteur n'avait encore éprouvé aucun préjudice.

Ainsi peu à peu, la force de l'usage suppléant dans l'action *ex empto* au silence du contrat, il arriva que la garantie produite par la *stipulatio duplæ* qui dans l'origine n'était qu'une simple garantie de fait résultant de la convention des parties, devint une seconde garantie de droit, et fut toujours sous-entendue dans la vente. Dès lors on établit une règle commune pour toutes les ventes, qu'il y ait eu ou non promesse accessoire du vendeur, l'acheteur eut dans tous les cas, le droit d'exiger de son garant le double du prix, en cas d'éviction. C'est ce que nous voyons exprimé au tit. 17 du livre 2 des Sentences de Paul : « Si « res simpliciter traditæ evincantur, tanto ven- « ditor emptori condemnandus est, quanto si « stipulatione pro evictione cavisset. »

La règle générale à Rome était de stipuler le double dans la vente des chose précieuses, comme les fonds et les esclaves (1). On pouvait aussi stipuler le triple et le quadruple (2). Ou au con-

(1) L. 37 pr. et § 1, D. *de evict.*
(2) L. 56. D. *de evict.*

traire descendre au simple et même au dessous;
plus généralement, quelle que soit la somme
fixée , la convention des parties doit être ob-
servée(1). Mais csmme la stipulation du double
était dans l'usage général, la stipulation du simple, par exemple, devait avoir lieu sciemment de
la part de l'acheteur ; car s'il ne l'avait faite que
par erreur, il pouvait encore par l'action *ex empto*
obtenir du vendeur une nouvelle stipulation,
complément de la première; ou bien si l'éviction
avait déjà eu lieu, le complément du double lui-
même (2).

Cette règle générale de stipuler le double recevait plusieurs exceptions : 1° Dans les choses
de moindre importance, on ne pouvait stipuler
que le simple (3), c'était ce que les textes nom-
ment *simplariæ venditiones* (4): 2° La *stipulatio
duplæ* ne pouvait être exigée dans les lieux où elle
n'était pas d'usage (5). 3° Le fisc n'était jamais
tenu au delà du simple (6).

Cette promesse du vendeur devait-elle être accompagnée d'une *satisdatio*? La loi 47, pr. *de Evic-*

(1) L. 74. D. *de evict.*
(2) L. 37 § 2, D. *de evict.*
(3) L. 37 § 1, D. *de evict.*
(4) L. 48 § 8, D. *de œdil. edicto.*
(5) L. 6, D. *de evict.*
(6) L. 5, *de jure fisci.*

tionibus au Digeste se contente d'une *nuda repromissio* ; les lois 18 § 1 *de periculo et commodo rei
venditæ*, et 11 § 9 *de Actionibus empti et venditi*
au Digeste, exigent, au contraire, une *satisdatio.*
Suivant Doneau, la *nuda repromissio* suffit toujours, excepté dans le cas où le prix n'étant pas
encore payé, un procès est soulevé contre l'acheteur sur la propriété de la chose vendue et livrée.
C'est ce cas qui est prévu par la loi 18 § 1 *de Periculo....* L'imminence du danger auquel s'expose l'acheteur en payant le prix explique la
nécessité d'une *satisdatio.* Quant à la loi 11 § 9
de actionibus Empti, ce texte ne décide pas s'il faut
donner une *cautio,* ni dans quelles hypothèses
elle est nécessaire. Elle l'est lorsque les parties
sont convenues entre-elles que le vendeur en
fournirait une (1).

L'acheteur avait donc, en cas d'éviction, deux
actions contre son vendeur ; mais les différences
étaient nombreuses entre elles. Nous les avons
vues séparées par leur origine ; nous les verrons
encore séparées par leur application et leurs ré-
sultats. Cela vient surtout de ce que ces deux
actions se distinguaient profondément par leur
nature : l'action *ex empto* était debonne foi, l'action *ex stipulatu,* de droit strict.

(1) L. 37, pr. D. *de evict.*

CHAPITRE PREMIER

DE LA GARANTIE.

Quand la vente ne contient aucune convention spéciale qui en modifie les effets naturels, on peut dire que toutes les obligations du vendeur viennent se résumer dans cette obligation générale que les jurisconsultes romains exprimaient par ces mots : *Præstare rem habere licere.* De là découle la nécessité pour lui de remettre la chose à l'acheteur pour qu'il en jouisse, de lui procurer une jouissance qui ne soit pas inutile, et en conséquence de le garantir de certains vices, enfin de l'indemniser lorsqu'il y aura eu éviction.

C'est qu'en effet la vente n'étant pas, en droit romain, un acte d'aliénation, mais simplement un acte productif d'obligations, il en résultait qu'en règle générale le vendeur n'était pas obligé à transférer à l'acheteur la propriété de la chose vendue, mais seulement à lui en procurer la possession paisible et utile. Il pouvait se faire, cependant, que l'acheteur eût le droit d'exiger de son vendeur qu'il lui transférât la propriété de la chose vendue. Cela arrivait lorsque l'acheteur avait eu soin de joindre à la vente une *stipulatio dandi.* (1) Cette clause expresse, bien qu'exorbitante du contrat de vente, devait être rigoureusement observée. Mais en dehors de cette très rare exception, la règle générale était que l'acheteur devait se contenter d'avoir sur la chose une possession et une jouissance paisibles.

Cela n'empêchait pas, bien entendu, l'acheteur de devenir propriétaire, si le vendeur l'avait été; il pouvait dans ce cas, réclamer l'accomplissement des actes de nature à l'investir de la propriété, comme la tradition, la mancipation, la *cessio in jure* suivant le cas (2). Si, au contraire la chose vendue appartenait à autrui, la vente n'en était pas moins valable; mais le vendeur n'était obligé qu'à livrer et à maintenir la possession libre à l'acheteur. Il remplissait ainsi complétement la seule obligation qu'il avait contractée en vendant la chose d'un tiers, à savoir *præstare rem habere licere.* L'acheteur ne pouvait donc lui réclamer rien de plus ; et quand bien même il aurait acquis, depuis le contrat, la certitude qu'il détenait la chose d'autrui, toute action contre son vendeur lui était refusée, puisque celui-ci n'avait pas à le rendre propriétaire. Le seul événement qui autorisait les poursuites de l'acheteur contre le vendeur, c'était l'évic-

(1) L. 25 § 1, D. *de contr. empti.*
(2) *Pauli sent.* liv. 1. tit. 13 § 1

tion (1) ; elle seule, en effet, violait directement l'obligation *rem habere licere*. C'est alors que l'acheteur avait le droit de se retourner contre son vendeur pour en réclamer la garantie, *l'auctoritas*, comme disent les textes. Mais tant qu'il n'y avait pas d'éviction, la responsabilité du vendeur était à couvert. Cependant la loi 30 § 1, Dig. *de Actionibus empti*, autorise l'acheteur à attaquer immédiatement son vendeur, par l'action *ex empto* avant même toute éviction, lorsque celui-ci a vendu sciemment, et sans en prévenir l'acquéreur une chose qui ne lui appartenait pas. C'est qu'en effet, le vendeur doit toujours agir de bonne foi dans ses relations avec l'acheteur ; il ne faut pas qu'il le trompe par aucun mensonge, qu'il l'égare par aucune parole obscure, qu'il le surprenne par aucune dissimulation calculée. Il doit, en un mot, s'abstenir de toute espèce de dol, *præstare dolum malum abesse*; autrement il peut être actionné *ob dolum*. C'est donc par application pure et simple de ce principe que la loi 30, déjà citée, accorde l'action *ex empto* à l'acheteur qui vient à découvrir la mauvaise foi du vendeur; car ce n'est pas agir de bonne foi que de vendre sciemment la chose d'autrui en la faisant passer pour sienne. Mais remarquons que la loi 30 ne parle que de

____

(1) L. 11 § 1, D. *de evict.* L. 3 Code. *de evict.*

l'action *ex empto*. L'acheteur ne pourra donc jamais avant l'éviction, exercer l'action *ex stipulatu* quand bien même le vendeur aurait été de mauvaise foi. La raison de cette différence s'explique par la nature de l'action *ex stipulatu*. Etant de droit strict, elle exige que les paroles prononcées soient vérifiées à la lettre; or elle est soumise à une condition, l'éviction de la chose vendue ; elle ne peut donc fournir aucun recours à l'acheteur tant que l'éviction n'a pas été réalisée.

L'obligation de garantie est bien de la nature du contrat de vente; elle y est toujours sous-entendue, quoiqu'elle n'y soit pas exprimée (1). Mais elle n'est pas de son essence, c'est-à-dire qu'elle peut être modifiée, étendue ou affaiblie par les parties; elle peut même être complétement détruite par une convention très expresse. Nous verrons qu'elle est également très diminuée par la connaissance qu'aurait eue l'acheteur du danger de l'éviction. Elle peut être étendue, disons-nous; nous trouvons, en effet, un exemple de convention extensive de la garantie dans la *stipulatio dandi* que nous avons mentionnée plus haut. Dans ce cas, lorsque le vendeur a promis de livrer, et qu'il livre, même

____

(1) L. 66 pr. D. *de contr. empti* L. 6, Cod. *de evict.*

de bonne foi, une chose appartenant à un tiers, il est toujours tenu de la garantie, avant même toute éviction. Cela s'explique par l'effet que nous avons reconnu à cette stipulation. Le vendeur devait rendre le stipulant propriétaire; il a donc manqué à sa promesse en lui vendant la chose d'autrui. Une autre aggravation de la garantie résulte également de la *stipulatio duplæ*, puisqu'elle augmente la dette du vendeur; mais c'est une aggravation sous-entendue dans le contrat.

J'arrive à l'examen des pactes et des circonstances qui restreignent la garantie. Un premier point à noter, c'est que toute clause générale ou spéciale par laquelle le vendeur tente d'affaiblir son obligation est sans aucun effet si elle n'est, de sa part, qu'un calcul déloyal pour faire retomber l'éviction sur la tête de l'acheteur.

La bonne foi, qui doit présider au contrat de vente, exige que le vendeur fasse connaître à l'acheteur toutes les causes d'éviction qu'il connaît lui-même, et le mette en état d'apprécier en parfaite connaissance de cause la clause qui lui est proposée (1).

En principe, le vendeur ne s'oblige pas seulement pour lui-même et ses héritiers, mais pour toute personne.

(1) L. 1 § 1, l. 13 § 6; l. 30, *de act. empti*; l. 69 § 5 *de evict.*

Si donc il entend restreindre son obligation à ses faits et à ceux de ses successeurs, il doit, en vendant, déclarer expressément à l'autre partie, que les faits des étrangers n'engageront pas sa responsabilité. Dans ce cas, le recours en garantie de l'acheteur se bornera à la répétition du prix (1).

La dérogation à la garantie peut résulter encore de clauses particulières qui exceptent de l'obligation du vendeur telle ou telle partie de ce qui a été vendu ou bien encore telle ou telle cause d'éviction. Lorsque, par exemple, vous avez vendu un fonds sous réserve d'usufruit que vous avez dit appartenir à Seius, cet usufruit se trouve naturellement excepté de la garantie; mais si cet usufruit, au lieu d'être à Seius, était à Sempronius, et que celui-ci vînt à le demander, vous en seriez garant (2).

La loi 69 de *Evictionibus*, nous fait connaître des exemples de dérogation à la garantie, au moyen de l'exception que fait le vendeur de certaines causes d'éviction. Il s'agit d'abord d'une personne qui, en vendant un esclave, a déclaré ne pas vouloir garantir l'éviction qui aurait pour cause la réclamation de la liberté par cet esclave;

(1) L. 11 § 18, *de act. empti.*
(2) L. 39 § 5, *de evict.*

excepit libertatis causam, dit la loi. Cette restriction à la garantie produira son effet, si l'esclave devient libre plus tard par l'accomplissement de la condition sous laquelle la liberté lui avait été léguée, ou si la personne vendue n'était pas esclave lors du contrat.

Pareillement, le vendeur diminuerait son obligation de garantie, en déclarant à l'acheteur que l'esclave est *statuliber*. Remarquons, cependant, qu'ici l'exception étant plus spéciale que la précédente, ne s'appliquerait pas à la liberté qui pourrait être actuellement acquise à l'esclave, mais uniquement à la liberté résultant de l'accomplissement de la condition à laquelle elle était soumise en vertu du legs.

Cette exception se spécialise davantage encore par l'indication de l'événement particulier qui doit réaliser la condition. Il ne suffit plus alors, pour la décharge du vendeur, que l'esclave n'ait été enlevé à l'acheteur qu'à cause de son état de *statuliber*, il faut, de plus, qu'il n'ait pas trouvé, pour arriver à la liberté, d'autre voie que l'accomplissement de la condition indiquée. (1).

La déclaration que l'esclave est *statuliber* ne produit aucun effet quand le vendeur, connaissant la condition de la liberté, n'en a pas averti

_____

(1) L. 69 § 2, *de evict.*

l'acheteur, parcequ'en cela il a commis un dol qui rend inutile toute dérogation à la garantie.

Il est inutile d'insister sur ces clauses dérogatoires à la garantie ; les exemples que nous avons rapportés d'après les textes nous montrent assez comment le vendeur pouvait restreindre son obligation.

Jusqu'à présent, nous n'avons parlé que des clauses spéciales restrictives de la garantie ; il nous faut maintenant traiter de la clause géné- rale de la non-garantie. La loi 11, § 18, *de actio- nibus empti*, nous apprend que lorsqu'il a été inséré dans la vente un pacte portant que le ven- deur ne répondra aucunement de l'éviction, *nihil evictionis nomine præstatum iri*, ce pacte étant parfaitement valable, l'acheteur évincé ne pourra pas demander à son vendeur des dommages-inté- rêts à son vendeur, *id quod interest*, mais seule- ment la restitution du prix. Le prix est toujours dû à l'acheteur, parceque, nous dit la loi, un contrat de bonne foi n'admet pas une convention par laquelle l'acheteur perdrait la chose pendant que le vendeur retiendrait le prix. Quelques inter- prètes argumentant des derniers mots de ce § 18 de la loi 11, ont soutenu qu'Ulpien restreint au vendeur de mauvaise foi la décision générale de Julien. Mais Pothier pense que les deux juriscon- sultes imposent également au vendeur de bonne foi, comme s'il était de mauvaise foi, l'obligation de rembourser le prix qu'il a touché.

La loi permet aux parties d'ajouter à la clause de non-garantie la convention formelle que le vendeur, en cas d'éviction, aura même le droit de conserver le prix (1).

Il n'y a, en effet, dans cette convention, rien de contraire à l'ordre public ni à la morale ; il est donc juste qu'elle soit rigoureusement observée. On la considérait comme sous-entendue dans les ventes aléatoires, comme celles d'un coup de filet ou d'une chasse ; dans ces hypothèses, ce qui est vendu, c'est l'espérance. En conséquence, le vendeur n'est tenu qu'à faire ce qu'il a promis pour que l'espérance se réalise, ou à s'abstenir de tout ce qui pourrait l'empêcher de se réaliser ; mais il ne saurait être garant de la chose sur laquelle porte l'espérance, puisqu'il ne l'a pas vendue. Dans ce cas, bien que l'acheteur ne rapporte rien de la pêche ou de la chasse, le vendeur n'en a pas moins le droit de conserver le prix (2).

Ici se terminent nos observations sur les clauses restrictives de la garantie ; nous traiterons ultérieurement de l'effet des clauses spéciales de non-garantie. Mais, auparavant, il est nécessaire

(1) L. 11 § 18, D. de act. empti.
(2) L. 11 § 18, D. de act. empti.

d'examiner l'influence qu'exerce sur l'obligation du vendeur la connaissance que l'acheteur avait lors du contrat du péril de l'éviction. Peu importe du reste, comment il en a été instruit, que ce soit par la déclaration du vendeur ou par toute autre voie, la question est toujours la même. Le texte qui donne lieu à la controverse est la loi 27 du Code *de evictionibus,* dont voici les termes : « *Si fundum sciens alienum, vel obligatum comparavit Athenocles, neque quidquam de evictione convenit quod eo nomine dedit; contra juris poscit rationem. Nam si ignorans, desiderio tuo jurisforma negantis hoc reddi refragatur.* » Un premier point admis par tous les interprètes, c'est que la garantie ordinaire est due à l'acheteur, même de mauvaise foi, lorsqu'il l'a stipulée expressément au moment de la vente. Les mots *neque quidquam,* de notre texte, sont formels à cet égard. Ils sont, du reste, en parfaite harmonie avec la décision contenue dans la loi 4 § 5 au Dig. *de doli mali,* etc. Il est vrai que la loi 4 § 4, au Code, *commun. de legatis,* semble contraire à cette solution ; mais il importe de remarquer que la position exceptionnelle faite par cette dernière loi à l'acheteur de mauvaise foi, est due à des motifs que nous aurons occasion de signaler plus loin.

Mais que décider, lorsque l'acheteur, instruit du danger qui le menaçait, n'a rien dit dans le contrat, relativement à la garantie ? Une première opinion, soutenue par Accurse et Bartole, lui refuse tout recours, même pour la répétition du prix. On s'appuie notamment sur la loi 7, au Code *Communia utriusque judicii...* qui semble refuser aussi toute action au copartageant de mauvaise foi, qui n'a pas eu le soin de se faire promettre garantie de l'éviction. Plusieurs raisons m'engagent à repousser cette opinion ; d'abord elle est manifestement contraire à l'équité, qui ne permet pas que le vendeur s'enrichisse aux dépens de l'acheteur. En second lieu, l'argument qu'on tire de la loi 7, déjà citée, ne me paraît pas concluant. Rien dans ce texte, ne m'indique que le copartageant soit privé du droit de réclamer son prix ; je crois qu'il n'y faut voir que l'exclusion du droit d'agir, *in id quod interest*, ce qui n'est pas notre question.

Cujas, Voët et Pothier (1) donnent de la loi 27, au Cod. *de Evict.*, une interprétation à laquelle je me rangerai volontiers. Ils pensent que dans cette loi, *si fundum*, il s'agit d'un acheteur qui, sur la poursuite d'un propriétaire ou l'action d'un créancier hypothécaire, a payé à l'un la *litis æstimatio*, ou à l'autre sa créance, et qui veut

---

(1) Cujas, commentaire sur la loi 27, Cod. *de ev.* — Voët, *ad Pandectas, de evict.* nᵒ 32 — Pothier, vente nᵒ 183.

répéter contre son vendeur tous ses déboursés. Le texte décide qu'une pareille prétention ne saurait être admise; mais il ne refuse aucunement à l'acheteur le droit d'exiger la restitution de son prix. Suivant nous donc, les mots *quod eo nomine dedit*, font allusion aux déboursés que l'acheteur a faits, indépendamment du prix qu'il a versé au vendeur. Ce qui vient confirmer cette explication, c'est la deuxième phrase du rescrit. Comment, en effet, s'expliquer pourquoi les empereurs auraient distingué l'acheteur de mauvaise foi et l'acheteur de bonne foi, pour accorder à ce dernier la répétition de son prix, puisque personne n'en a jamais douté. Mais, au contraire, on conçoit très-bien l'importance que les auteurs du rescrit attachaient à la bonne foi de l'acheteur, si l'on suppose, avec nous, qu'il ne s'agit ici que des déboursés faits par celui-ci. S'il a été *sciens*, ils seront perdus pour lui; mais s'il a été *ignorans*, le vendeur devra lui en tenir compte. Voilà, je crois, quelle a été la pensée des empereurs. Cette seconde opinion s'appuie sur plusieurs décisions particulières. C'est d'abord la loi 3, § 4, au Code, *communia de legatis*, dans laquelle Justinien décide que l'acheteur de mauvaise foi d'une chose grevée d'un fidéicommis, peut en répéter le prix. L'empereur, afin de mieux assurer l'exécution de la volonté du défunt, respecte la vente des choses comprises dans des legs ou fidéicommis, mais il borne le droit de l'acheteur à la réclamation du prix. Tels sont les motifs auxquels nous faisions allusion précédemment. C'est ensuite la loi 1, Code, *si vendito pignore*, dont voici l'espèce : Un créancier a vendu frauduleusement son gage, le débiteur peut le réclamer à l'acheteur de mauvaise foi, à la condition de rendre à celui-ci le prix qu'il a payé. Et pourtant, s'il y a un acheteur de mauvaise foi qui mérite d'être traité sévèrement, c'est bien celui qui a colludé avec le créancier gagiste, pour dépouiller un débiteur malheureux. Si donc, il a droit, même dans ce cas, à son prix, à plus forte raison, sa réclamation sera-t-elle fondée, lorsqu'il se trouvera dans une hypothèse moins défavorable.

Voilà ce que nous avions à dire sur cette question; revenant à présent aux effets de la clause spéciale de non garantie, nous dirons que la logique nous conduit à donner sur ce point la même solution. En effet, la déclaration par le vendeur qu'il n'entend pas être garant de l'éviction qui procédera de telle cause ou du fait de telle personne, avertit l'auteur du danger de l'éviction, et le constitue en quelque sorte de mauvaise foi, à l'exemple de celui qui achète sciemment la chose d'autrui. Il faut donc placer ces deux acheteurs sur la même ligne, et leur accorder à l'un et à l'autre le droit de se faire restituer par le vendeur la somme qu'ils auront payée pour acquérir la chose vendue.

Sur ce point, du reste, nous nous trouvons d'accord avec nos adversaires de tout à l'heure. Les glossateurs seuls, plus logiques avec la décision qu'ils donnaient sur la loi 27, au Code, se prononcent encore contre l'acheteur (1) dans le cas où il y a eu une clause spéciale de non garantie.

La raison qu'ils donnent à l'appui de leur théorie, est tirée de la loi 69, Dig. *de Evict.*, d'après laquelle : *qui libertatis causam excepit in venditione non tenebitur evictionis nomine.* Mais on a répondu, avec raison, qu'il ne résulte pas assez clairement du texte, que le jurisconsulte Scévola avait entendu décharger le vendeur, même de l'obligation de rendre le prix à l'acheteur (2).

Enfin, dans une opinion intermédiaire, défendue par Accurse, on distingue : Si le vendeur d'un esclave, par exemple, a excepté de la garantie telle espèce déterminée de liberté, il ne sera tenu, en cas d'éviction, d'aucun recours, ni

(1) Grande glose, 1, 60, *de evict.*
(2) Pothier, vente, n° 186.

pour le prix, ni pour les dommages-intérêts.
Si au contraire il excepte d'une manière générale *omnem speciem libertatis*, il sera forcé de rendre le prix, si l'éviction se réalise.

Tout cela me paraît divinatoire; il est plus sage, je crois, et plus conforme aux textes, d'assimiler à la connaissance que l'acheteur a eue du danger de l'éviction, toute espèce de clause, générale ou spéciale, de non garantie; et de lui accorder dans tous les cas, sans distinction, le droit de se faire rembourser le prix de vente, par son vendeur.

Notre règle générale subira, cependant, une restriction, lorsqu'il s'agira d'un vendeur n'ayant pas sur la chose un droit complet; la simple déclaration qu'il en fera l'affranchira de tout recours, même en ce qui concerne le prix. Lorsque, par exemple, il a dit que l'usufruit du fonds vendu appartenait à Primus ou que l'esclave était *statu liber*, il est à l'abri de toute réclamation, en supposant que Primus vienne à exercer son droit, ou que l'esclave acquière la liberté par l'accomplissement de la condition qui y avait été apposée; car ce qui a été vendu, un esclave, c'est la nu-propriété d'un fonds, ou un *statu liber* (1).

Maintenant que nous savons ce que c'est que

______

(1) L. 69, D. *de evict.*

la garantie, et quelles modifications elle peut subir, occupons-nous de sa première et indispensable condition, à savoir de l'éviction.

CHAPITRE II.

DE L'ÉVICTION.

Nous distinguerons deux sortes d'éviction : 1° L'éviction proprement dite, celle qui donne naissance à l'action *ex stipulatu*; 2° l'éviction impropre, celle qui ne permet plus l'application de cette action, mais seulement de l'action *ex empto*.

§ I. *De l'éviction proprement dite.*

L'action *ex stipulatu*, étant, comme nous l'avons déjà dit, une action *stricti juris*, doit se renfermer dans les termes et conditions qu'il a plu aux parties de prendre lors du contrat. Or, les parties n'ont stipulé qu'en vue de l'éviction ; dès lors, l'action *ex stipulatu* ne viendra au secours de l'acheteur que lorsque l'éviction aura été réalisée dans le sens le plus précis et le plus étroit du mot.

Nous savons que l'idée d'éviction suppose une

lutte judiciaire, un triomphe remporté sur la personne évincée ! Mais ce n'est-là qu'une idée générale, qui ne contient pas le sens complet du mot éviction. Il faut, pour qu'il y ait éviction, que le vainqueur ait dépouillé son adversaire de l'objet en litige ; il faut que l'acheteur ait été condamné par le juge à se dessaisir de la chose qu'il détenait en sa possession. Tel est le sens rigoureux du mot éviction ; il est donc nécessaire, pour donner naissance à l'action *ex stipulatu*, pour qu'elle soit *commissa*, comme disent les Romains, que l'acheteur ait été dépossédé en vertu d'une sentence du juge.

Nous trouvons dans la loi 16, § 1, Dig., *de Evict.*, les trois hypothèses en dehors desquelles il n'y a plus d'éviction proprement dite. C'est d'abord lorsque l'acheteur, poursuivi par le véritable propriétaire de la chose, est condamné par la sentence à restituer la chose au revendiquant.

La deuxième hypothèse se présente lorsque l'acheteur, vaincu en revendication, paie l'estimation du litige pour conserver la chose. Dans ce cas, bien qu'il ne soit pas dépouillé, et qu'il garde, au contraire, la possession de l'objet vendu, l'acheteur n'en est pas moins évincé ; car, ce n'est plus en vertu de la vente qu'il possède la chose, mais par l'effet de la *litis œstimatio* qui est comme un second achat ; par conséquent, il est juste de dire que relativement au premier, l'acheteur a été véritablement évincé (1).

En troisième lieu, l'éviction proprement dite se produit lorsque l'acheteur, jouant le rôle de demandeur, a succombé dans le procès qu'il avait intenté contre le tiers-possesseur. Le jugement qui le repousse, et qui maintient la possession à son adversaire, constitue une véritable éviction.

Voilà les termes rigoureux dans lesquels se définit l'éviction, en tant que condition de la *stipulatio duplæ*; en dehors de ces termes, il n'y a pas d'action *ex stipulatu* possible; mais l'action *ex empto* est moins rigide; elle admet des équivalents que nous signalerons dans un paragraphe distinct. Mais auparavant, nous devons examiner à quelles conditions l'éviction est soumise, pour autoriser un recours de l'acheteur contre le vendeur. Avant d'aborder les règles particulières à l'éviction propre, il nous faut dire quelques mots d'une règle commune aux deux sortes d'évictions. Je veux parler de l'antériorité de l'éviction. Le vendeur, en général, n'est tenu que des évictions dont la cause est antérieure à la vente. Celles-là seules violent l'obligation qu'il a contractée de *præstare emptori rem habere licere*.

____

(1) L. 21 § 2, D. *de evict.*

Celles-là seules lui sont imputables, qui ont leur cause dans la possession vicieuse qu'il a livrée à l'acheteur. Quand le vendeur est propriétaire de la chose vendue, et qu'il la possède libre de tout droit, la tradition qu'il en fait à l'acheteur est parfaite et irrévocable; elle transmet à ce dernier un droit inattaquable, et elle libère complétement le vendeur pour le présent et pour l'avenir, sauf le cas particulier de *restitutio in integrum*, dont nous parlerons bientôt.

Ce n'est pas à dire que l'acheteur ne pourra pas être dépouillé, mais ce sera alors en raison d'un événement postérieur à la vente qui doit retomber sur lui seul; car, aussitôt le contrat formé, et même avant la tradition faite, les risques passent tous à sa charge : *periculum rei venditæ statim ad emptorem pertinet* (1).

Ainsi le vendeur n'est responsable que des évictions dont la cause est antérieure à la vente, parce qu'elles seules proviennent de l'inexistence ou du vice des droits qu'il a vendus. Mais il n'est pas nécessaire que cette cause se rencontre dans un droit déjà ouvert au profit d'autrui lors de la vente, il suffit que le droit ait existé à cette époque à l'état de simple espérance, bien qu'il ne

(1) Inst. § 3, *de empti et vend.* — L. 8, *de per. et comm. rei vendita.*

se soit réalisé que plus tard. Ainsi, la liberté réclamée par l'esclave *statuliber* à l'accomplissement de la condition fixée, est une éviction qui retombe sur le vendeur, quand il n'en a pas fait la déclaration ; et cependant, l'individu vendu était réellement l'esclave du vendeur, au temps du contrat (1).

L'acheteur reste donc sans recours pour les évictions dont la cause est postérieure à la vente. Et, par exemple, il ne peut rien réclamer s'il a été violemment dépouillé de la chose (2), ou s'il en a été dépossédé par le fait du prince (3). Mais, hâtons-nous d'ajouter que l'éviction serait à la charge du vendeur, bien que procédant d'une cause postérieure à la vente, si elle provenait de son fait. C'est ce qui arriverait si après la vente, mais avant la tradition, il avait aliéné ou hypothéqué la chose vendue. L'acheteur, mis ensuite en possession, se trouverait exposé à la revendication ou à l'action hypothécaire du tiers devenu propriétaire ou créancier. Le vendeur a commis une faute, il doit la réparer ; il est donc tout naturel que, venant à être évincé, l'acheteur puisse exercer son recours contre le vendeur. En

(1) L. 39 § 4, D. *de evict.*
(2) L. 17, Cod. *de act. empti.*
(3) L. 11 pr. D. *de evict.*

résumé donc, pour que l'éviction donne naissance à une action au profit de l'acheteur contre son vendeur, la première condition requise, c'est que la cause de l'éviction soit antérieure à la vente ; et, nous le répétons, à cet égard il n'y a pas à distinguer entre l'action *ex stipulatu* et l'action *ex empto*.

Voyons maintenant les conditions spéciales auxquelles est soumise l'éviction propre, celle qui donne naissance à l'action *ex stipulatu*, pour autoriser un recours de l'acheteur contre son vendeur. Elles sont au nombre de trois ; 1° l'éviction doit résulter d'un jugement ; 2° il faut que ce jugement soit rendu selon le droit ; 3 il faut qu'il ait été exécuté,

Nous connaissons déjà la première condition : il faut qu'un jugement ait prononcé l'éviction. Dès lors, nous dirons qu'il n'y a pas d'éviction si l'acheteur s'est volontairement dépouillé ; il est nécessaire et indispensable que la chose lui ait été enlevée, qu'il ait subi une sorte de violence juridique, qu'il n'ait cédé que vaincu par la sentence du juge. Mais, du moment qu'il y a eu jugement, on n'a pas à rechercher sur quel genre d'action il a été rendu (1), pourvu qu'il se soit agi d'une action réelle. Ainsi, l'éviction pourra

(1) L. 34 § 1 et 2, L. 35 D. *de evict.*

se faire par la revendication, la pétition d'hérédité, les actions confessoire et négatoire, les actions hypothécaires Paulienne et Publicienne,
l'action de partage, d'hérédité et de bornage; en
un mot, par toutes les actions dont la fin est
l'enlèvement de la possession à raison d'un droit
sur la propriété.

L'éviction résultant même d'une *restitutio in
integrum* donnerait également droit à ce recours
de l'acheteur. Ainsi, un mineur de 25 ans a été
lésé dans la vente d'un fonds qu'il a faite à Titius, lequel l'a revendu à Seius, et il s'est fait
plus tard restituer contre les deux acheteurs. Il
est juste que Seius, qui se trouve dépouillé, ait
son recours contre Titius; aussi il obtiendra une
action qui lui permettra de l'exercer. Cependant,
comme d'après le droit civil, la tradition faite par
Titius à Seius n'était entachée d'aucun vice, et
que la *restitutio in integrum* ne se trouve être
qu'une cause d'éviction postérieure à la vente
(nous avons vu précédemment que le vendeur
ne répond que des évictions dont la cause est
antérieure au contrat), on ne pourra pas donner
à Seius l'action directe *de Evictione*, mais le préteur lui donnera l'action utile (1).

Deuxième condition. — Il faut que le jugement

(1) L. 39 ; L. 66 § 1, *de evict.*

ait été rendu selon le droit. Si donc l'éviction est la suite d'un jugement rendu contre le droit, c'est une dépossession qui a sa cause unique dans une sentence injuste, c'est-à-dire dans un cas fortuit, postérieur à la vente, et qui, par conséquent, doit retomber sur l'acheteur (1). Peu importe, d'ailleurs, que l'éviction résulte de l'ignorance ou de la mauvaise foi du juge; dans les deux cas, c'est une injustice faite à l'acheteur qui doit seul en souffrir (2).

Troisième condition. — Il faut que le jugement ait été exécuté. S'il arrive d'une façon ou d'une autre que, même après la sentence qui a déterminé l'éviction, l'acheteur soit encore en possession de la chose, l'éviction ne sera pas consommée, et l'action *ex stipulatu* ne pourra pas être exercée. Par exemple, si le vainqueur de l'acheteur est mort sans successeur, et que personne, ni le fisc, ni ses créanciers, ne se présente pour faire exécuter le jugement, l'acheteur, dans cette circonstance, ne peut prétendre à aucun recours, *quia rem habere ei licet* (3). Même décision pour le cas où la chose, avant d'être enlevée à l'acheteur, lui est donnée ou léguée par celui qui a obtenu

(1) L. 6, *de evict.* L. 8 et 15, Cod. *de evict. Fragm. vatic. ex emplo et vendito* § 8 et 10.

(2) L. 51 *de evict.*

(3) L. 57, pr. *de evict.*

le jugement (1). A plus forte raison, l'éviction ne doit pas être regardée comme consommée, s'il reste à l'acheteur, après une première défaite judiciaire un deuxième moyen de la réparer. En conséquence, bien que vaincu dans un procès en revendication, l'acheteur ne pourra pas agir *ex stipulatu*, s'il lui reste la ressource de la Publicienne. C'est seulement après avoir infructueusement tenté cette dernière ressource, qu'il pourra agir contre son vendeur. Paul nous apprend, en effet, que la *stipulatio committitur ob evictionem cum jam omnis spes rem habendi abscissa est* (2).

Pareillement, l'action *ex stipulatu* ne pourrait pas être exercée, si la chose avait péri avant que la revendication fût intentée. On conçoit, en effet, que la revendication étant devenue impossible (3), l'acheteur ne pourrait souffrir aucune éviction ; on ne peut donc pas lui donner contre son vendeur l'action *ex stipulatu*. Toutefois, cette solution n'est vraie qu'autant que la perte a eu lieu avant la *litis contestatio* ; car si elle n'avait eu lieu qu'après, nous voyons d'après deux textes de Paul, que le procès engagé avec le revendiquant doit être continué et mené à fin, *propter*

(1) L. 57. § 1, *de evict.*
(2) L. 35 D. *de evict.*
(3) L. 21 pr. D. *de evict.*

stipulationem de evictione, de evictione actionis conservandæ causa (1). Par conséquent, la perte arrivée après la *litis contestatio* permet à l'action *ex stipulatu* de se produire, bien que l'éviction, par le fait, ne puisse pas être consommée.

Dans le paragraphe précédent, nous avons examiné l'éviction dans ses éléments rigoureux, avec l'exactitude rigide exigée par l'action *ex stipulatu* ; il nous reste à signaler les équivalents équitables que nous avons déjà fait pressentir, et qui sont admis par l'action *ex empto*. Cette étude fera l'objet du paragraphe suivant.

§ -II. *De l'éviction impropre.*

Nous avons déjà vu comment la doctrine avait tiré parti de la nature de l'action *ex empto*, pour y puiser le moyen de suppléer la stipulation du double quand elle avait été omise. Nous allons la voir maintenant, toujours parce qu'elle est *bonæ fidei*, venir au secours de l'acheteur, alors même qu'il ne pourrait pas se dire rigoureusement évincé, et lui accorder, lorsqu'il se trouve dans une situation équivalente, un recours équitable contre son vendeur.

Nous savons que l'acheteur ne peut prétendre,

(1) L. 16, *de rei vendic.* — L. 11, *judio, solvi.*

ni l'une, ni à l'autre action, tant que la chose reste en sa possession, quand bien même il serait établi qu'elle est à autrui ou obligée à autrui (1). Il ne le peut pas davantage, même après le trouble résultant d'une revendication entamée contre lui (2), même après la condamnation prononcée, tant qu'elle n'est pas exécutée (3). Mais, rappelons un principe qui met une différence capitale entre les deux actions; c'est que si le vendeur a agi de mauvaise foi, en vendant sciemment la chose d'autrui, l'acheteur du moment qu'il éprouvera quelque préjudice par un commencement de trouble ou autrement, pourra agir *ex empto* en raison du dol du vendeur. Ce principe trouve une de ses applications au cas de perte de la chose vendue. Jamais, en cas pareil, il ne peut y avoir lieu à l'action *ex stipulatu*; car la perte de la chose est un cas fortuit, qui éteint l'obligation de garantie. Mais, il n'en est pas de même de l'action *ex empto*. Le vendeur, au contraire, pourra, même après la perte de la chose, être attaqué *de dolo, si dolus intercesserit* (4).

Ainsi, une première différence entre les deux actions, c'est que l'acheteur peut, par l'action

(1) L. 2, Cod. *de evict.*
(2) L. 74 § 2, *de evict.*
(3) L. 57, *de evict.*
(4) L. 21 pr. D. *de evict.*

ex empto, exercer un recours *de dolo venditoris*, sans qu'il soit indispensable qu'il y ait eu éviction.

Une seconde différence résulte de ce que, dans l'action *ex stipulatu*, il n'y a d'éviction que celle qui a lieu en vertu d'un jugement ; dans l'action *ex empto*, au contraire, cette condition n'est plus exigée. Nous en avons la preuve dans la loi 24, Dig., *de Evict.*, dont nous rapportons l'espèce : Une femme achète un esclave, *a non domino*, puis elle se marie et le donne en dot à son mari, sans savoir qu'il appartient à ce dernier. L'esclave se trouve perdu pour elle, car son mari en étant propriétaire, ne sera pas tenu de le restituer comme chose dotale. Mais, comme elle a été dépouillée par un fait volontaire de sa part, et non par un jugement, la voie de l'action *ex stipulatu* lui est fermée. C'est alors qu'intervient l'action *ex empto*, pour lui permettre d'agir en garantie contre son vendeur.

L'action *ex empto* est encore très-utile à l'acheteur, dans les hypothèses suivantes : J'ai acheté une chose de Paul, qui n'en était pas propriétaire. Puis, après la tradition, je deviens héritier du véritable propriétaire. Si je n'avais à ma disposition que l'action *ex stipulatu*, je resterais sans recours contre mon vendeur, puisque tout jugement est devenu impossible ; mais comme je ne possède plus la chose *ex causa emptionis*, l'action *ex empto* vient à mon secours (1). Il en faut dire autant du cas où je viendrais à acquérir la chose vendue, soit comme donataire, soit comme légataire du véritable propriétaire (2).

Par la même raison, l'affranchissement d'un esclave, auquel l'acheteur est forcé de se soumettre, donne naissance à l'action *ex empto*. Ce n'est pas un cas d'éviction, dans le sens rigoureux ; mais, comme l'acheteur cesse d'avoir l'esclave, il faut qu'il soit indemnisé de ce préjudice (3).

Enfin, l'acheteur pourra intenter valablement contre son vendeur l'action *ex empto*, s'il vient à subir l'éviction comme procureur d'un tiers contre lequel il ne peut recourir. C'est l'hypothèse prévue par le § 2 de la loi 66, Dig., *de Evict.* On suppose que Primus vend à Secundus, qui revend la chose à Tertius. Le vrai propriétaire revendique contre Tertius, qui constitue *procurator* Secundus. Le procès perdu, Secundus paye la *litis æstimatio*. Y-a-t-il eu éviction ? Non, rigoureusement, car Tertius a gardé la chose, et si Secundus en a payé la valeur, ce n'est pas en son

____

(1) L. 9 et 41 § 1, D. *de evict.*

(2) L. 13 § 15, *de act. empt.* L. 20 Eod. tit. L. 84 § 5, *de legat.* 1°

(3) L. 20, D. *de evict.*

nom, mais comme procureur d'un autre; il ne peut donc pas, non plus, se dire évincé. Aussi, n'a t-il pas l'action *ex stipulatu*; mais il sera en droit d'agir *ex empto*, contre Primus, pour se faire rembourser le montant de la *litis œstimatio*, parce qu'en réalité la revendication du propriétaire lui a fait souffrir un préjudice.

§ III. *Des cas dans lesquels l'acheteur est déchu de tout recours contre son vendeur.*

L'acheteur ne peut pas agir en garantie contre son vendeur, si l'éviction est le résultat de son fait ou de sa faute. Nous parlerons d'abord des faits antérieurs à la vente. Exemple : Primus a hypothéqué son fonds pour la dette d'autrui, puis il le vend à Secundus, et il le rachète ensuite de Tertius, qui l'a acquis de Secundus. Après quoi, le créancier hypothécaire l'évince en vertu de son action hypothécaire; mais Primus ne pourra pas intenter d'action récursoire contre son vendeur Tertius; autrement, celui-ci le repousserait par l'exception de dol (1), en lui reprochant d'avoir été lui-même la cause de l'éviction.

Pareillement, le vendeur sera libéré de toute garantie pour l'avenir si l'acheteur a rendu l'évic-

______

(1) L. 20, D. *de evict.*

tion possible par des faits postérieurs à la vente. C'est ce qui arrive quand l'acquéreur a fait du fonds vendu un lieu religieux (1), ou qu'il a abandonné la chose avec intention de renoncer à tout droit sur elle (2). Il en serait de même si l'acheteur avait affranchi l'esclave de son plein gré (3), ou si la sentence, en vertu de laquelle il a été dépouillé, avait été rendue sur un compromis (4). Dans tous ces cas, l'acheteur s'étant exposé volontairement à l'éviction, il est juste qu'il en souffre seul, *nulla enim cogente necessitate id fecit.* A plus forte raison, sera t-il sans recours s'il a restitué spontanément et avant tout jugement (5), ou s'il n'a été évincé que par suite d'une exception qui lui était purement personnelle (6), comme seraient, par exemple, les exceptions *pacti* et *jurisjurandi.*

L'acheteur est encore en faute, et perd conséquemment ses droits à la garantie, lorsqu'il aurait pu éviter l'éviction dont il se plaint. Par exemple, il a été condamné pour n'avoir pas comparu au procès ; ou bien il a imprudemment perdu la

(1) L. 51 § 2, *de evict.*
(2) L. 76, D. *de evict.*
(3) L. 23, D. *de evict.*
(4) L. 50 § 1, D. *de evict.*
(5) L. 17, Cod. *de evict*
(6) L. 27, D. *de evict.*

possession de la chose, de sorte qu'il a changé son rôle de défendeur en celui de demandeur. N'ayant pas pu prouver son droit de propriété, il a succombé, tandis que, comme défendeur, il aurait repoussé victorieusement son adversaire (1). Ou bien, dédaignant les avis de son vendeur, qui lui conseillait d'agir par la Publicienne, il a préféré intenter l'action en revendication, dans laquelle il s'est fait battre, parce qu'il lui a été impossible d'établir son droit de propriété sur la chose, alors qu'il lui eût été facile de prouver qu'il avait une *justa possessio*, appuyée sur la bonne foi, aux deux époques de la vente et de la tradition (2), ce qui suffisait pour le faire triompher par la voie qu'indiquait le vendeur (3). Mais celui-ci ne pourrait pas reprocher à l'acheteur de n'avoir pas intenté l'action servienne ou hypothécaire qu'il offrait de lui céder, car elle ne compète pas à l'acheteur de son chef, et elle n'assure pas suffisamment son droit, puisqu'elle cesse dès que la créance garantie par elle est remboursée (4).

Il y a encore faute de l'acheteur, lorsqu'il a omis de proposer devant le juge tous les moyens

(1) L. 27 § 1, D. *de evict.*
(2) L. 48, *De usurp. et us..*
(3) L, 66, D. *de evict.*
(4) *Id.*

propres à sa défense ; peu importe, d'ailleurs, qu'ils émanent de sa personne ou de celle de son vendeur ; car il peut invoquer tous les moyens et exceptions même personnels à son garant (1). Il peut, en conséquence, opposer, du chef de celui-ci, les exceptions *rei judicatæ*, *jurisjurandi* et *pacti*. Il n'y a pas à distinguer, à cet égard, entre le pacte *in rem* et le pacte *in personam* (2).

De même, si l'acheteur a négligé de se prévaloir de l'usucapion ou de la prescription de long-temps, l'éviction procédant de sa faute, le vendeur sera dégagé de toute responsabilité (3). Bien plus, si l'acheteur se trouvant dans le cas d'acquérir la chose par la possession, n'est pas arrivé à cette acquisition parce qu'il a laissé sa possession s'interrompre, c'est encore une faute qui laisse l'éviction à sa charge (4). Il peut arriver un cas cependant, où, bien que l'usucapion couvre et l'acheteur et le vendeur, l'éviction ait lieu néanmoins sans qu'elle soit imputable à l'acheteur, c'est lorsque le tiers demandeur obtient du préteur la revendication ou la Publicienne, avec une

(1) L. 76 § 1, *de contr. empt.* — L. 186, *de regulis juris.*
(2) L. 17 § 5, *de Pactis*
(3) L. 54, *de evict.* — L. 10 Cod. *de evict.*
(4) L. 56 § 3, *de evict.*

formule fictice reposant sur l'hypothèse que l'usucapion n'aurait pas eu lieu (1).

L'acheteur est également déchu de son droit à la garantie, lorsqu'il n'a pas dénoncé au vendeur le procès qu'une tierce personne dirige contre lui (2). Le premier devoir de l'acheteur, dès qu'il est attaqué, c'est d'en avertir le vendeur : les Romains rendaient cette idée par les expressions *laudare auctorem, denuntiare auctori* (3). Cette dénonciation a pour but de mettre le vendeur en position de fournir à l'acheteur tous les moyens nécessaires à sa défense. Si donc l'acheteur néglige de prévenir son auteur et qu'il plaide seul au procès, il doit s'imputer une défaite qu'il aurait évitée si le vendeur averti lui avait apporté les *instrumenta defensionis*.

Cette dénonciation n'a pas pour effet de mettre l'acheteur hors la cause; le vendeur ne prend pas le procès pour lui; il ne fait qu'y assister. Ce n'est qu'après le procès terminé, et que l'éviction aura été prononcée, que le vendeur sera directement poursuivi. Mais une fois cette dénonciation faite, que l'auteur assiste lui-même au procès ou qu'il ne s'adjoigne pas ouvertement

(1) *Instit. de actionib.* § 8, L. 1 2 § 1, L. 2), *ex quib. cause, major.*

(2) L. 33 § 1, — *de evict.* L. 8. cod. cod lit.

(3) L. 30, 03 *de evict.* L. 7 Cod. *de evict.*

l'acheteur, tout en lui fournissant les moyens de défense, ou même qu'il reste complètement à l'écart; en un mot, quelque parti que prenne le vendeur, dès que la dénonciation lui a été faite, l'acheteur aura son recours en garantie contre lui, si l'éviction vient à être prononcée.

La dénonciation doit toujours être faite au vendeur lui-même sans en excepter l'hypothèse dans laquelle la vente aurait été faite par un esclave; la dénonciation ne pourrait être adressée au maître qu'en cas de prédécès de son esclave (1). Elle est censée faite au vendeur, quand en sa présence et à sa connaissance elle est faite à son mandataire (2). S'il y a plusieurs auteurs ou plusieurs héritiers d'un seul auteur, chacun d'eux doit recevoir séparément avis de la poursuite intentée contre l'acquéreur (3). En cas de vente d'un gage, si le créancier a agi *jure creditoris*, c'est plutôt le débiteur qui doit recevoir la dénonciation, puisqu'il s'est trouvé libéré par le paiement du prix, que le créancier lui-même. Si la même chose a été vendue successivement à plusieurs personnes, c'est au dernier vendeur que la dénonciation devra être faite. L'acheteur

(1) L. 39 § 1. D. *de evict.*
(2) L. 56 § 4, D. *de ev.*
(3) L. 62 § 1, D. *de ev.*

peut dénoncer au pupille, en cas d'absence du tuteur (1); mais cette formalité de la dénonciation n'est pas exigée à l'égard du fidéjusseur du vendeur (2). Comme il connaît, sans doute, encore moins le moyen de défense, que l'acheteur lui-même, il est tout à fait inutile de l'appeler au débat.

L'obligation de dénoncer cesse pour l'acheteur s'il en a été dispensé par la convention (3), si le vendeur est absent (4), ou s'il se cache, et que l'acheteur de bonne foi n'ait pas pu découvrir sa demeure (5). On se demande si l'acheteur est dispensé de prévenir le vendeur, alors qu'on est sûr que celui-ci a connaissance du procès qui va se dérouler. On décide, néanmoins, que la dénonciation est utile afin d'apprendre au garant que l'acquéreur a l'intention de l'appeler en cause.

Aucun délai n'étant fixé pour cette dénonciation, l'acheteur peut valablement la faire à toute époque, pourvu, toutefois, que le vendeur ait encore le temps, avant la condamnation, de préparer la défense (6). Elle pourra donc régulière-

(1) L. 56 §.7, D. de ev.
(2) L. 7 Cod. de ev.
(3) l.. 63 pr. D. de ev.
(4) L. 55 § 1, D. de ev.
(5) L. 55 § 1 et l. 56 § 5, D. de evict.
(6) L. 29 § 2, D. de evict.

ment se placer entre la *litis contestatio* et la sentence, à la condition que ce ne soit pas trop près
de celle-ci.

Si le vendeur n'a pas reçu de dénonciation,
il ne peut être forcé de défendre l'acheteur, et,
en cas d'éviction, avons-nous dit, il ne sera pas
tenu. Cependant, il peut, à son gré, prendre la
cause de l'acquéreur, quand bien même celui-ci
s'y opposerait. Il lui importe, en effet, de mon-
trer à tous qu'il a agi de bonne foi ; mais, dans
ce cas, il devra appeler du jugement, s'il veut
éviter l'effet de l'éviction.

L'acheteur est-il tenu d'appeler de la sentence
qui l'a condamné sous peine de perdre son
recours ? Non, si l'auteur a été présent, car c'est
à celui-ci à se pourvoir ; s'il reste sans agir, c'est
que l'éviction lui paraît juste ; alors, de son
propre consentement, il s'expose à la garantie.
Quid, si l'auteur est resté en dehors du débat ?
Malgré les termes de la loi 63 § 1er. Dig. *de Evict.*,
qui supposent, pour exempter l'acheteur de la
nécessité de l'appe¹., que l'éviction a été prononcée *venditore præsente*, je crois qu'il faut distinguer : Si le jugement est juste, l'acheteur ne sera
pas en faute de n'avoir pas appelé ; si, au contraire, le jugement est injuste, il devra supporter
l'éviction, que l'appel aurait sans doute empê-
chée. Cette distinction me semble confirmée par

le § 2 de la loi 63, qui déclare sans recours l'acheteur lorsque, n'ayant pas suivi son appel dans le délai voulu, il a ainsi perdu une bonne cause par sa faute.

CHAPITRE III.

DANS QUELLES VENTES IL Y A LIEU A GARANTIE.

Le vendeur est obligé à la garantie envers l'acheteur, dans toutes les ventes, quelle que soit la nature de leurs objets, dans les ventes de choses incorporelles, comme dans celles de choses corporelles.

PREMIÈRE PARTIE.

VENTE DE CHOSES INCORPORELLES.

§ 1er. *Vente d'une créance.*

Le droit romain impose au vendeur la garantie de l'existence de la créance, et non la garantie de la solvabilité du débiteur, fût-elle antérieure à la vente, à moins de convention contraire (1). Ainsi, le vendeur doit garantir seulement que la créance cédée existait selon le droit, qu'une

____

(1) L. 4, D. *de hæred. vel. act. vend.* L. 74, D. *de evict.*

action existe, et qu'aucune exception ne la paralyse. Si la créance cédée était accompagnée d'un gage, d'une hypothèque ou d'une fidéjussion, le vendeur n'en devrait pas garantie, s'il n'avait indiqué, spécifié aucun des accessoires ; car l'acheteur n'a pas dû compter sur ces différents droits, puisqu'ils n'ont pas formé un des objets de la vente (1).

§ 2. Vente d'une hérédité.

Sur ce point, il importe de distinguer deux hypothèses : 1° Si une personne vend à une autre un droit acquis sur une hérédité, elle doit garantir sa qualité d'héritier, mais non l'importance de l'hérédité. La vente, dans ce cas, n'ayant pas pour objet une chose ni une série de choses déterminées, mais un *nomen juris*, il en résulte que le vendeur ne sera obligé à rien, alors même que des évictions successives et spéciales enlèveraient à l'acquéreur tout ce qui paraissait être dans l'hérédité. Le vendeur a été réellement héritier ; cela suffit pour que ses obligations soient remplies. Mais si un tiers intente la *petitio hereditatis*, pour le tout ou partie de l'hérédité, dans ce cas, le vendeur devra indemniser l'ache-

(1) L. 30, C. 20 1.

teur, car ce procès démontre surabondamment qu'il a manqué à ses engagements (1).

Ces règles, posées dans les lois 2 et 14 § 1, *de Hered. vel act. vend.*, au Dig., ainsi que dans la loi 1, Cod. *de Evict.*, cessent d'être applicables lorsque les parties sont convenues du contraire, ou que le vendeur a déclaré que telle ou telle chose était comprise dans l'hérédité.

La deuxième hypothèse a lieu lorsque le vendeur a aliéné seulement l'espérance qu'il peut avoir sur l'hérédité : un *jus incertum*. Comme il n'a vendu qu'une espérance, il ne pourra pas être inquiété, lors même que l'éviction enlèverait à l'acheteur toute l'hérédité vendue. L'acheteur, en effet, s'est exposé de lui-même aux risques de la perte et du gain (2). Si, cependant, le vendeur avait su, lors du contrat, qu'il n'avait aucune hérédité à prétendre, il devrait être, en raison de son dol, poursuivi en dommages-intérêts.

§ III. *Vente d'une servitude.*

Cette vente ne présente rien de particulier. Le vendeur est garant de l'avantage qu'il s'est engagé à procurer. Si donc l'acheteur est empêché,

(1) L. 13, § 3, D. 8, 3.
(2) L. 10, D. *de hæred. vel. act. vend.*

par une cause antérieure au contrat, d'exercer utilement le droit de servitude, il sera en droit d'exercer son recours en garantie. (1)

DEUXIÈME PARTIE.

VENTE DE CHOSES CORPORELLES.

L'acheteur peut se voir dépouillé par l'éviction, de la chose entière ou d'une partie de cette chose, ou de ce qui en est resté après son extinction, ou enfin d'une chose qui n'est entrée que comme accessoire dans la vente, ou qui est provenue depuis de l'objet principal. Nous verrons que dans tous ces cas l'acheteur peut recourir *ex empto* contre son vendeur, tandis qu'il n'a l'action *ex stipulatu* que dans le cas d'éviction totale ou partielle de la chose même qui fait l'objet principal de la vente. C'est donc une nouvelle différence à remarquer entre ces deux actions.

L'éviction partielle donne naissance à un recours par l'une ou l'autre action (2). Il est un cas, toutefois, où l'éviction partielle ne peut autoriser l'action *ex stipulatu*, qu'autant qu'il en a

(1) L. 6, § 5. D. *de actio empti.*
(2) L. 1, *de evict.*

été fait mention spéciale dans la stipulation, c'est dans la vente d'un esclave, *quia non potest videri homo evictus, cum pars ejus evicta est* (1). Doneau (2) explique ainsi cette singularité : L'éviction partielle que je subis, rend, sans doute, l'esclave commun entre l'évinçant et moi ; mais tout ce que cet esclave acquerra par mon ordre, n'en sera pas moins entièrement à moi.

L'éviction partielle, dans les ventes d'universalité, n'engage pas la responsabilité du vendeur, à moins qu'il n'en ait été fait une mention spéciale dans le contrat (3). Au contraire, quand plusieurs objets singuliers sont vendus pour un seul prix, ils n'en sont pas moins considérés comme faisant chacun l'objet d'une vente spéciale, et, par conséquent, l'acheteur évincé de l'un d'eux a l'action *ex empto*, mais pour celui-là seul (4). Il en serait autrement, si ces différents objets, sans faire partie d'une universalité, forment un ensemble, et sont vendus pour un prix unique (5). Dans ce cas, il n'y a qu'une vente, et l'éviction partielle est considérée comme une éviction totale.

(1) L. 56 § 2, *de evict.*
(2) Donelus, *de evict.*
(3) L. 5, D. *de evict.*
(4) L. 33, *de act. empti.*, l. 72, *de evict.*
(5) L. 34, *de ædil. edicto.*

En cas d'éviction d'une partie de la chose, les règles, avons-nous dit, varient suivant qu'il s'agit de l'une ou l'autre des deux actions. Pour que l'action *ex stipulatu* soit ouverte, il faut que l'éviction ait porté sur une partie homogène, intégrante de la chose vendue. Ainsi elle est refusée, quand l'acheteur a été évincé, soit des fruits détachés du fonds, soit du plancher d'un navire, soit enfin du part de l'esclave. Il en est de même, à plus forte raison, de toute chose entrée dans la vente comme accessoire (1).

Quand la chose a péri, le vendeur se trouve aussi libéré de l'action *ex stipulatu*; il est vrai que l'acheteur peut encore être évincé de ce qui reste ou de ce qui provient de la chose; mais ces sortes d'évictions ne rendent pas exigible la stipulation du double, qui s'applique exclusivement à la chose même qui a été vendue (2).

Le recours qui, dans tous ces cas, est refusé à l'acheteur par l'action *ex stipulatu*, lui est, au contraire, ouvert par l'action *ex empto* (3). En effet, le vendeur s'est obligé à lui faire avoir la chose avec tout ce qu'elle comporte, accessoires et dépendances. Peu importe aussi que les parties évincées soient homogènes ou hétérogènes.

(1) L. 16, *de evict.* L. 11 § 17, *de act. empti.*
(2) L. 42, 43 *de evict.*
(3) L. 16, *de evict.* L. 11, § 17; l. 27, *de actio empti.*

l'usufruit doit être considéré comme une partie de la chose vendue, puisque, suivant l'expression de Doneau, *maxima vis et pars dominii in eo est ut liceat re frui*. Si donc, un tiers fait reconnaître en justice, par l'action confessoire, qu'il a un droit d'usufruit sur le fonds qui est entre les mains de l'acheteur, celui-ci se trouvant réellement dépouillé d'une partie de la chose, devra recourir en garantie contre son vendeur (1).

Cette solution était admise relativement à l'usage, au droit de superficie, et au *jus in agro vectigali*. Cela semble, du moins, résulter des mots *de quo alio jure quod distractum est*, que l'on trouve dans le § 5 de la loi 38, au Dig., *de Verb. oblig.*

Quant aux servitudes prédiales, la question est controversée.

Dans une première opinion, on distingue entre les servitudes apparentes et les servitudes non apparentes. Pour les premières, le vendeur n'est garant que s'il a vendu son fonds *uti optimum et maximum*.

Pour les deuxièmes, le vendeur en est garant par cela seul que l'acheteur ne les a pas connues lors de la vente. Ce sont les mots *tacite sectæ* de la

(1) L. 48, 49, D. *de evict.*

loi 75, Dig., *de Ev.*, qui servent de base à cette théorie.

Une autre opinion enseignée par Cujas et Voet n'accorde à l'acheteur, pour le détriment qu'il souffre de la découverte d'une servitude ni l'action *ex empto*, ni l'action *ex stipulatu*, mais séulement l'action *quanti minoris*. Cujas regarde donc la servitude comme un vice du fonds entraînant une dépréciation dont l'acheteur peut demander compte. On invoque, dans ce sens, la loi 61, Dig., *de œdil. edicto*, et la loi 15, § 1, Dig., *de Evict.*

Reste un troisième système que nous trouvons dans Doneau, et auquel nous adhérons avec conviction. Suivant nous, le vendeur n'est garant de la revendication d'une servitude, que s'il a vendu le fonds *uti optimum maximumque* sans distinction entre les servitudes apparentes et les non-apparentes; mais s'il n'a fait aucune déclaration spéciale, il est réputé avoir vendu le fonds avec toutes ses charges et qualités. Dès lors, il ne peut pas être poursuivi par l'acheteur qui a su à quoi il s'exposait. La raison de décider se trouve, à notre sens, dans les lois 75, Dig., *de Evic.*, et 59, Dig., *de contrah. empt.*, qui refusent formellement à l'acheteur toute espèce de recours en cas de revendication d'une servitude.

Mais comme la bonne foi oblige le vendeur à ne rien cacher de ce que l'acheteur a intérêt à savoir *circa rem venditam*, il s'ensuit que si le vendeur a dissimulé sciemment à l'acheteur l'existence d'une servitude passive, il devra être poursuivi *ob dolum*. Toutefois, la déclaration des servitudes n'est exigée de la part du vendeur que lorsque l'acheteur en ignorait l'existence (1).

Nous avons supposé jusqu'à présent qu'un tiers revendiquait un droit de servitude sur le fonds vendu ; que décider, si une servitude dont paraissait jouir le fonds, vient à être contestée avec succès par le propriétaire voisin ; le vendeur est-il tenu à garantie ? Non, lors même qu'il aurait déclaré le fonds *optimum et maximum*, à moins qu'il n'ait affirmé l'existence au profit du fonds, de la servitude niée par le voisin (2).

Il nous faut, pour compléter ce chapitre, étudier, dans une troisième partie, l'effet de la vente qu'un créancier fait de son gage à une tierce personne.

TROISIÈME PARTIE

DE LA VENTE FAITE PAR LE CRÉANCIER GAGISTE OU HYPOTHÉCAIRE.

Il faut d'abord distinguer le cas où le créan-

(1) L. 66, pr. *de contr. empt.* L. 75, *de evict.*
(2) L. 75, D. *de evict.*

cier aliène le gage ou l'hypothèque en vertu d'une sentence du juge, d'avec le cas où il aliène volontairement la chose engagée ou hypothéquée.

Premier cas. — Lorsqu'un débiteur n'exécute pas la condamnation prononcée contre lui, le créancier peut faire établir par l'ordre du magistrat un gage sur quelque bien de ce débiteur. On l'appelle *pignus ex causa judicati captum* ou *pignus judiciale.* A la suite de cette saisie, la vente est suite par les *apparitores* qui ne peuvent être garants de l'éviction survenue au tiers acquéreur, puisqu'en vendant ils n'ont fait que s'acquitter, de leur office (1). De son côté, le créancier saisissant ne peut pas être poursuivi en garantie parce que la vente a été forcée. Reste le débiteur; lui seul, bien qu'il n'ait pas figuré dans la vente, sera exposé au recours de l'acheteur parce que le prix payé par celui-ci l'alifère d'autant de la dette. Toutefois, cette action *ex empto* se bornera à la répétition du prix et de ses intérêts (2).

Deuxième cas. — Le créancier gagiste ou hypothécaire peut vendre lui-même, en dehors de l'autorité du magistrat, la chose affectée à sa créance. En cela, il ne fait qu'exécuter la con-

(1) L. 50, *de evict.*
(2) L. 74 § 1, *de evict.*

vention expresse ou tacite faite avec le débiteur; il vend, non pas en son propre nom, mais comme procureur du débiteur. Cela étant et supposant que l'acheteur du gage vienne à en être évincé, le créancier qui le lui a vendu sera-t-il tenu de garantie? La réponse varie suivant la qualité prise par le créancier dans le contrat (1). Deux hypothèses, en effet, peuvent se présenter : 1° le créancier a vendu la chose *jure communi*, c'est-à-dire, sans déclarer à l'autre partie qu'il agissait comme créancier gagiste; dans ce cas, il est tenu comme un vendeur ordinaire dont il a joué le rôle, sauf la convention de non-garantie.

2° Le créancier a vendu *jure creditoris*, c'est-à-dire qu'il a averti l'acquéreur qu'il entendait user de son droit de créancier. Dans ce cas il ne répond pas des évictions provenant d'un défaut de droit dans la personne (2) du débiteur, par exemple, de ce que le constituant du gage n'en est pas propriétaire Et alors, loin de devoir des dommages-intérêts à l'acheteur évincé, il n'est pas même obligé à lui rendre le prix (3).

L'acheteur, néanmoins, a le droit d'agir *ex empto* contre son vendeur, qui a déclaré sa qua-

---

(1) L. 50 § 4, D. *mandati*.
(2) L. 1, 2, Cod. *creditor evict. pign.*
(3) L. 68. *de evict.* L. 11, § 10, *de act. empt.*

lité de créancier, lorsque celui-ci a commis un dol (1), par exemple, s'il a vendu sachant que la chose n'appartenait pas au débiteur, et lorsqu'il a promis à l'acquéreur de le garantir en cas d'éviction. Sauf ces deux exceptions, le créancier qui a vendu *jure pignoris* ne répond d'aucune éviction, à moins qu'elle ne provienne d'un défaut de droit dans sa personne, ce qui arrive lorsqu'il n'avait pas le droit de vendre, soit parce qu'il n'avait pas une créance valable, soit parce qu'il n'avait pas reçu valablement en gage la chose vendue; ou bien lorsque l'acquéreur est évincé par un créancier hypothécaire dont la créance primait celle de son vendeur. Cette dernière proposition me paraît résulter clairement de la phrase qui termine la loi 1, Cod., lib. 8, tit. 46 : « Quoniam hoc utique præstare debet, « qui pignoris jure vendit, potiorem se cæteris « esse creditoribus. » Telle est, du reste, l'interprétation que Cujas et Doneau donnent de ces derniers mots du rescrit ; mais cette explication n'a pas satisfait tous les interprètes ; il en est qui ont prétendu trouver une solution contraire à notre proposition dans la loi 11, § 16, au Dig., *De actionib. empti.* Ulpien, a-t-on dit, ne prévoit dans ce texte que deux hypothèses dans les-

---

(1) L. 2, Cod. *creditor evict. pign.*

quelles le vendeur doit être tenu *ex empto* à raison de son dol ; c'est quand il a vendu une chose qu'il savait ne pas lui être hypothéquée ou n'avoir pu appartenir au débiteur lors de la constitution d'hypothèque. Donc le créancier vendeur n'est aucunement obligé, pour s'affranchir de la garantie, de prouver la supériorité de son droit hypothécaire par rapport au droit des autres créanciers. Je ne puis me ranger à cette opinion, d'abord parce qu'elle ne tire du texte d'Ulpien qu'un argument *a contrario*, ensuite parce qu'elle est contredite formellement par la dernière phrase du rescrit d'Alexandre Sévère ; enfin parce qu'elle fait retomber sur l'acheteur une éviction dont l'imprudence du vendeur est la seule cause.

Il nous reste à rechercher si le débiteur, qui a constitué le gage, peut être attaqué par l'acquéreur évincé ? Ce ne peut être par une action directe que l'acheteur peut agir, puisqu'ils n'ont pas contracté ensemble. Mais n'y a-t-il pas pour lui d'autre voie de recours ?

Il a d'abord incontestablement l'action *pignoratitia contraria*, que son créancier doit lui céder. On sait, en effet, que le débiteur, qui a donné en gage la chose d'autrui, peut être poursuivi en dommages-intérêts par son créancier au moyen de l'action *pigneratitia contraria* (1). L'acheteur a ensuite, aux termes de la loi 74, Dig., *de Evict.*, l'action *ex empto utilis* contre le débiteur. Nous avons déjà vu que cette action, en cas de vente de *pignus judiciale*, se réduisait à la répétition du prix contre le débiteur. Cela se conçoit, du reste, car la vente ayant eu lieu contre la volonté du constituant, il n'est pas juste qu'il soit tenu au-delà du profit que la vente lui a procuré.

Mais lorsqu'il s'agit d'une vente volontairement faite par le créancier gagiste, comme, en définitive, celui ci n'a fait qu'exécuter la volonté du débiteur, qui a voulu s'assurer du crédit au moyen de cette chose qu'il a présentée comme sienne, le motif qui a dicté la décision d'Hermogénien cesse d'être applicable ici, et il nous faut déclarer avec Ulpien, loi 24, pr. Dig., *de pigneratit. act.*, que la responsabilité du débiteur est aussi étendue vis-à-vis de l'acquéreur évincé que celle d'un vendeur ordinaire.

CHAPITRE IV

DE L'EXERCICE ET DE L'EFFET DES ACTIONS EN GARANTIE.

§ 1er. A qui elles sont données.

Les deux actions que nous connaissons com-

(1) L. 38. D. *de evict.*

pétent à l'acheteur et à ses successeurs universels, à l'exclusion de ses successeurs particuliers,
à moins qu'elles n'aient été spécialement cédées
à quelqu'un d'eux.

Une fois l'éviction consommée, la seule condition mise au recours de l'acheteur, c'est qu'il
ait intérêt à ce que l'éviction n'ait pas eu lieu.
Son intérêt est évident quand il est lui-même
évincé. Il n'y a pas, du reste, à rechercher en
quelle qualité il a été évincé. Ainsi, Pothier pro-
pose l'espèce suivante : Vous m'avez vendu un
bien, je le revends à Secundus, dont je deviens
plus tard héritier ; et il arrive que je suis évincé
du bien en question. Ai-je contre vous l'action
en garantie ? Ce qui faisait difficulté, selon Pothier, c'est que je n'aurais pas, comme successeur
de Secundus, l'action directe contre vous ; je
répondrais seul de l'éviction, en mon propre
nom, envers la succession de Secundus ; or, l'intérêt que j'ai en cette éviction est nul, puisque la
succession de Secundus évincée ne recourt pas
contre moi. Pothier n'en accorde pas moins
l'action, en se fondant sur la loi 41 § 2 *de Evict.*,
au Dig. Si un autre eût hérité de Secundus, j'aurais payé ; c'est moi qui hérite, je me paie à moi-
même ; la somme est imputée sur la succession.
Il s'établit comme un compte entre moi et l'hérédité, de sorte que celle-ci est censée augmentée

de tout ce que je lui dois, et moi censé appauvri d'autant. C'est pourquoi il est juste que je puisse agir en garantie contre mon vendeur. Les mêmes raisons de douter et de décider se présentent, si l'on suppose, à l'inverse, que c'est Secundus, second acheteur, qui est devenu héritier du second vendeur, ou si l'on suppose qu'une même personne a recueilli les deux hérédités du premier et du second acheteur.

Ces deux actions compètent à l'acheteur, quand même l'éviction n'aurait lieu que sur son successeur, s'il avait intérêt à ce qu'elle ne se fût pas réalisée, par exemple, s'il est, de son côté, garant envers son successeur. Ce qui arrive dans plusieurs circonstances que nous avons énumérées au commencement de cette thèse.

C'est ici que nous devons examiner l'hypothèse prévue par les les lois 75, Dig., *de Jure dotium*, et 22, § 1, Dig., *de Evict.* Nous y voyons que l'acheteur a le droit d'agir en garantie contre son vendeur, bien que ce ne soit pas lui-même qui ait subi l'éviction, mais son ayant-cause. Ainsi, une femme en achetant un fonds a stipulé, de son vendeur, le double en cas d'éviction. Elle donne ce fonds en dot à son mari, sans estimation, puis le mari en est évincé. Dans ce cas, bien que le mari ne puisse pas, de son côté, se faire indemniser par la femme, puisqu'il n'y a pas eu d'estimation, la femme, néanmoins, pourra poursuivre son vendeur *ex empto* ou *ex stipulatu*. La raison qu'en donnent les textes, c'est que la femme, indépendamment de son droit éventuel à la restitution de la dot, en retire un émolument actuel par l'emploi des fruits aux besoins communs du ménage ; elle est donc intéressée à ce que son mari conserve la dot.

La question devient plus délicate si l'éviction soufferte par le mari porte sur un fonds dotal donné par le père de la femme. Ce père peut-il attaquer son vendeur en garantie ? La raison de douter, c'est qu'il ne souffre pas de l'éviction, puisqu'on ne peut pas dire ici comme tout-à-l'heure, pour la femme, que la dot appartient au père de cette dernière. Néanmoins, Paul, dans la loi 71, Dig., *de Evict.*, accorde un recours au père, parcequ'il a intérêt à ce que sa fille reste dotée, soit à cause de l'espérance qu'il a de recouvrer un jour la dot, soit à cause de l'affection qu'il porte à ses enfants.

Il résulte de la loi 23, Dig., *de Evict.*, que les héritiers de la femme peuvent se trouver dans le cas d'intenter l'action *ex stipulatu*, alors même que le mari n'est évincé qu'après la mort de la femme. Ils semblent, cependant, n'avoir pas d'intérêt, ayant perdu tout espoir de recouvrer la dot, que le décès de la femme *in matrimonio* a fait gagner au mari. Mais leur intérêt apparaît clairement si l'on suppose que la femme s'est engagée envers son mari à *præstare fundum habere licere*. Les héritiers doivent alors exécuter la promesse de la défunte ; et s'il arrive que le mari soit évincé de la dot, comme il se retournera contre les héritiers de sa femme, il faut que ceux-ci puissent, à leur tour, intenter l'action *ex stipulatu* contre le vendeur de la femme à laquelle ils ont succédé.

L'acheteur transmet son droit à la garantie à ses successeurs universels, mais chacun d'eux ne peut agir que dans la limite de son intérêt, c'est-à-dire pour sa part héréditaire (1). Au contraire, les successeurs particuliers de l'acheteur ne peuvent pas exercer le recours en garantie de ce dernier, à moins qu'il ne leur ait spécialement cédé ses actions. S'il y a eu plusieurs ventes successives, le dernier acheteur ne peut s'attaquer qu'à son vendeur seul, parce que c'est avec lui seul qu'il a contracté, sauf à ce dernier à recourir lui-même contre son auteur, et ainsi de suite jusqu'au premier.

L'action en garantie commence quelquefois en faveur de l'héritier, quoiqu'elle n'ait pas appartenu au défunt. C'est ce que nous apprend la

______

(1) L. 4, § 2, *de verb. oblig.*

loi 51, § 3, Dig., *de Evict.* Dans l'espèce de cette loi, un esclave est institué héritier après la mort de l'acheteur. L'héritier ordonne à l'esclave d'accepter l'hérédité, et l'esclave est ensuite évincé. L'héritier de l'acheteur, que nous supposons successeur à titre universel, a l'action en garantie pour se faire indemniser de l'hérédité, tandis que le défunt n'a jamais pu obtenir par l'action *ex empto* que la livraison de l'esclave, parce que l'action en garantie ne pouvait naître qu'après l'éviction de la chose; or, l'éviction ne s'est produite qu'après la mort de l'acheteur.

§ 2. *Contre qui s'exercent les actions en garantie.*

Elles se donnent contre la personne même qui a fait la vente. Celui qui ne fait que consentir au contrat renonce seulement aux droits qu'il pouvait avoir sur la chose, mais ne s'engage pas à garantir de l'éviction (1). Cependant, s'il est propriétaire d'une partie de la chose vendue en sa présence et avec son consentement, et qu'il en reçoive le prix, il doit être considéré comme vendeur de sa part et, comme tel, tenu de la garantie (2).

L'action en garantie est donnée contre les héritiers du vendeur, soit qu'il y ait ou non stipu-

(1) L. 158, 160 *de Reg. juris.* — L. 4, § 1, et l. 7, *quib. mod pignus.*

(2) L. 12, *de evict.*

lation. C'est la règle du titre XII, loi 4, Institutes, et de la loi 62, § 1, Dig., *de Evict.* Non-seulement cette action ouverte contre l'auteur passe contre les héritiers, mais elle peut même commencer à leurs personnes. Il y a plus, la loi 7, Dig., *de Evict.*, nous présente un exemple d'action en garantie qui ne peut commencer que contre les héritiers. Un pupille vend un esclave qui lui est substitué; le pupille meurt avant sa puberté : la substitution pupillaire est ouverte. Les actions *ex empto* et *ex stipulatu* peuvent être intentées par l'acheteur évincé contre le substitut devenu libre, tandis qu'elles n'auraient pas pu l'être contre le pupille. Il n'est pas sûr, en effet, que l'esclave recueille jamais la succession et recouvre la liberté. Il peut mourir avant le pupille ou celui-ci après sa puberté. Ces actions sont données contre l'esclave, en sa qualité de représentant du pupille qui devait garantir comme vendeur.

En cas d'éviction, on peut agir contre les fidéjusseurs, car la caution est faite pour consolider l'obligation principale, de quelque nature qu'elle soit. Or la garantie est une obligation susceptible de fidéjussion. Son objet est d'assurer à l'acquéreur ou la chose ou l'estimation qui en tiendra lieu; mais depuis la novelle 4, le fidéjusseur a le bénéfice de la discussion.

L'héritier du fidéjusseur est obligé comme son auteur, dont il continue les droits et obligations.

Si nous supposons un seul acheteur et plusieurs vendeurs d'une chose indivise et vendue pour un prix unique, dans ce cas l'action en garantie aussi bien que l'obligation sont impartageables, mais le paiement est divisible. Cela résulte de la loi 85, § 5, Dig., *de Verb. oblig.* Toutefois, lorsque plusieurs garants promettent chacun pour le tout, ils sont coobligés, et sont soumis à une action solidaire dont le paiement sera de même nature (1). Les héritiers du vendeur ne sont également tenus que pour leur part héréditaire (2).

Si l'éviction résulte de la poursuite d'un créancier hypothécaire, l'acheteur pourra agir contre chaque héritier même pour le tout, bien qu'un ou plusieurs d'entre eux aient acquitté ce qui était à leur charge dans la créance. Cette règle, écrite dans la loi 65, Dig., *de Evict.*, s'explique par la nature de l'hypothèque. L'hypothèque, étant indivisible, ne s'est trouvée soustraite pour aucune partie au droit du créancier : en conséquence, les héritiers qui ont payé leur part restent tenus comme les autres envers l'acheteur, sauf leur re

(1) L. 85 § 5, de verb. obl.
(2) L. 51, § 4, de evict.

cours contre leurs cohéritiers par l'action *familiæ erciscundæ* (1).

§ III. *Durée des actions en garantie.*

En général, les actions personnelles durent trente ans. Cependant, les textes nous disent que l'action en garantie, action assurément toute personnelle, est *perpetua*. Mais, il faut remarquer que cela n'est vrai que dans les cas exceptionnels, qui autorisent l'exercice de la revendication pendant un temps indéfini. Exemple : Une personne libre a été vendue comme esclave ; la liberté étant imprescriptible, cette personne peut réclamer sa liberté au bout de soixante ans. Si elle le fait, l'acheteur se trouvant évincé, se retournera victorieusement contre son vendeur ou ses héritiers, quoiqu'un laps de temps considérable se soit écoulé depuis la vente. C'est, qu'en effet, la prescription contre l'action en garantie de l'acheteur ne peut pas courir du jour du contrat, mais seulement du jour de l'éviction ; puisque, jusqu'à cette époque, l'acheteur n'a pas pu attaquer son vendeur en garantie. Voilà en quel sens on peut dire que l'action de l'acheteur contre son garant est *perpetua*. Mais, dans toute autre

(1) L. 68, de evict.

hypothèse, lorsqu'il faut pour que la renvendica-
tion soit valablement exercée, qu'elle soit intentée dans les dix ou vingt ans, suivant les cas; il
s'ensuit que l'action en garantie naissant alors
forcément dans cet intervalle, ne pourra durer
plus de trente ans, à partir de l'éviction réalisée.
Et si, quand un propriétaire viendra réclamer,
après dix ou vingt ans, sa chose à l'acheteur, celui-ci omet de lui opposer la prescription *longi
temporis*, le vendeur ne sera pas responsable
d'une éviction imputable à l'acheteur négli-
gent.

§ IV. *Recours de l'acheteur par l'action ex empto.*

L'acheteur a perdu son procès contre le revendiquant; il est évincé. Il se retourne alors
contre son vendeur, pour lui réclamer une indemnité à raison du dommage qu'il a souffert.
C'est ici que nous allons rencontrer une dernière
différence fort importante entre les deux actions
ex empto et *ex stipulatu*. Nous verrons que l'objet
de la première est variable et indéterminé dans
son montant; pour le fixer on doit se placer au
jour de l'éviction; on apprécie, de cette façon, le
préjudice souffert et le gain empêché. La condamnation varie donc d'après les circonstances.
Au contraire, l'action *ex stipulatu* a pour objet

une quantité certaine ; la condamnation à laquelle elle aboutit est fixe, invariable, déterminée à l'avance : c'est la somme stipulée, telle qu'elle a été promise le jour de la vente. Cela posé, occupons-nous d'abord des effets de l'action *ex empto*.

Un premier point à noter, c'est que l'acheteur doit avoir payé le prix de vente, quand il agit *ex empto* ; si donc il a obtenu la tradition de la chose, sans avoir rien déboursé, il faudra déduire de la somme à laquelle l'éviction lui donne droit, celle dont il est demeuré redevable envers son vendeur (1).

Par l'action *ex empto*, l'acheteur obtient le *id quod interest*, c'est-à-dire l'estimation de l'intérêt qu'il aurait à posséder la chose évincée, estimation qui peut surpasser le prix payé jadis, comme elle peut, au contraire, ne pas l'atteindre, si la chose a été détériorée ou si elle a subi une dépréciation depuis la vente. C'est en ce sens qu'avaient toujours été entendus les textes qui disent que l'action est donnée « in simplum et hoc « quod interest, « ou bien, » non ad pretium « duntaxat, sed ad id quod interest, etc. (2)..... »

(1) L. 13 §§ 10, 1, l. 78, § 2, *de cont. empt.*
(2) L. 43, 60, 70, *de evict.*

Dumoulin (1), le premier, a tenté d'expliquer ces expressions autrement que ses prédécesseurs, et il a été amené à imaginer une théorie toute différente de celle que nous venons d'exposer sur l'action *ex empto*. Suivant lui, cette action comprend deux chefs : l'un, qu'il appelle *perpetuum*, qui est fixe et invariable, l'autre, qu'il nomme *casuale*, et qui varie beaucoup. Par le premier, l'acheteur a toujours le droit de se faire restituer le prix intégralement, quelle que soit la diminution survenue dans la valeur de la chose. Par le second, au contraire, il réclamera les dommages-intérêts, c'est-à-dire le paiement de tout ce qu'il souffre de plus par l'éviction. Ce deuxième chef, à la différence du premier, variera donc énormément, non-seulement quant à la somme qu'il peut comprendre, mais en ce sens même, qu'il entre dans l'action ou qu'il en disparaît, selon que le préjudice éprouvé par l'acheteur est ou non supérieur au prix.

Telle est la doctrine de Dumoulin que Pothier (2) a accueillie et développée longuement dans son *Traité de la vente*. Voyons si l'on peut trouver dans le texte du Digeste ou du Code, quelque base à cette théorie. Dumoulin s'appuie

(1) Dumoulin. — *Tractatus de eo quod interest*, n°° 63, 69, 147.

(2) Pothier. — Vente, n° 69.

sur les lois 60, 70, 74, Dig., *de evict.*; ainsi que sur la loi 43, Dig., *de actionibus empti*. Mais je ne trouve rien dans ces lois qui puisse motiver l'explication que nous présente Dumoulin. Tout au contraire, car la loi 70 me paraît décisive contre lui. En effet, après ces premiers mots auxquels nous renvoie Dumoulin : *evicta re, ex empto actio, non ad pretium duntaxat recipiendum, sed ad id quod interest competit.* Paul ajoute immédiatement la conséquence qu'il faut en tirer : *Ergo et si minor esse cœperit damnum emptoris erit.* » La loi 45, pr. Dig. *de action. Empti,* contient une décision analogue; mais ces deux textes si clairs, si précis, n'arrêtent pas Dumoulin. Il répond que ces expressions *damnum emptoris* ne se réfèrent pas *ad pretium restituendum,* le prix devant toujours être restitué à l'acheteur, mais seulement *ad id quod interest* ; car, de même que ce chef augmente à mesure que la chose augmente en valeur, de même il diminue et se réduit à rien lorsque la chose diminue de valeur. C'est à quoi, disent Pothier et Dumoulin, les lois 70 et 45 font allusion par ces mots : *si res minor esse cœperit, damnum emptoris est.*

Ainsi Dumoulin, ayant posé en principe les deux chefs dont nous avons parlé, l'un fixe et l'autre variable, il n'est plus embarrassé; il rapporte toutes les lois qui lui sont contraires au chef qui éprouve des variations, c'est-à-dire aux dommages-intérêts. C'est sans doute une manière fort ingénieuse de se débarrasser des lois romaines qui vous gênent, mais c'est un procédé trop arbitraire, que n'auraient pas dû employer deux jurisconsultes comme Dumoulin et Pothier.

Quant à nous, il nous est impossible de voir dans les lois 60 et 70, Dig., *de Evict.*, la trace du système de Dumoulin. Nous ne le trouvons pas davantage dans la loi 74 au même titre; cette loi statue sur un cas particulier, le recours de l'acheteur contre le débiteur, dans la vente de *pignus judiciale*; et elle borne tout naturellement ce recours au prix qui a servi à libérer le débiteur et au-delà duquel il ne peut être tenu, puisqu'il n'est pas vendeur. Il n'y a donc rien dans cette loi, qui soit favorable à la doctrine que nous combattons.

Reste la loi 43, Dig., *de actionib. empti.*, qui paraît plus embarrassante, car elle dit positivement que l'action *ex empto non pretium continet tantum, sed omne quod interest emptori.* Mais la décision que Dumoulin représente comme générale et qu'il veut ériger en règle, n'est qu'une décision particulière, la réponse d'un jurisconsulte dans une espèce où la chose vendue acquiert une plus-value entre les mains de l'acheteur. Il ne faut pas étendre les décisions spéciales hors des cas pour lesquels elles sont rendues.

L'opinion de Dumoulin et de Pothier n'est donc pas établie par les lois romaines ; au contraire, celle qui ne reconnaît qu'un seul chef à l'action *ex empto*, invoque en sa faveur des textes formels. Outre les lois 45, Dig., *de actionib. empti*, et 70, Dig., *de Eviction.*, que nous avons déjà citées, la loi 8, Dig., *de hered. vel act. vend.*, fournit à notre cause un argument puissant. Javolénus nous y dit que lorsqu'une personne vend à une autre des droits successifs qui n'existaient pas, il faut estimer ce qu'ils vaudraient s'ils existaient. La loi 66, § 3, Dig., *de Evict.*, nous est également favorable. L'objet du recours d'un copartageant évincé y est ainsi fixé : « Ut « quanti sua interest, actor consequatur. Scilicet « ut melioris aut deterioris agri facti causa finem « pretii quo fuerat tempore divisionis æstimatus, « deminuat vel excedat. » Enfin, l'objet unique de l'action *ex empto* ne peut pas être mieux précisé que dans la loi 23, Cod. *de Evict.* : « Quanti « tua interest rem evictam non esse teneri ; non « quantum pretii nomine dedisti, si aliud non « placuit.... » Pothier ajoute à ce texte le mot *solum*, et il dit : *non solum quantum pretii....*

Nous voyons donc que la théorie de Dumoulin est contredite par les textes du Digeste et du code ;

néanmoins c'est elle qui a prévalu dans notre code civil. Il faut donc dire que les juriconsultes romains n'ont jamais reconnu qu'un seul chef à l'action, *ex empto*. L'acheteur ne peut jamais demander que la réparation du préjudice que lui a fait éprouver l'éviction: si donc, la chose se trouve détériorée ou diminuée de valeur, ou si elle a péri en partie, comme lorsque le fleuve a emporté plusieurs arpents du fond, la perte est à sa charge; et il ne peut demander que la valeur actuelle de la chose, bien qu'elle soit inférieure au prix qu'il a payé: si au contraire elle est supérieure, il sera indemnisé complétement, et son acte ne sera pas borné *ad pretium duntaxat*, mais elle s'étendra *ad omne quod interest*, sauf la limitation que nous établirons plus loin.

Ce n'est pas seulement l'augmentation de la chose elle-même, telle qu'elle a été vendue, qu'il faut prendre en considération pour fixer les dommages-intérêts; il faut y joindre l'accroissement, les accessoires et les produits dont l'acheteur se trouve en même temps dépouillé; ainsi il faut comprendre dans l'estimation l'alluvion qui augmente le fond, l'usufruit qui est venu se joindre à la nu propriété depuis la vente, la part de l'esclave, etc !.... (1).

On doit encore faire rentrer dans le *id quod*

(1) L. 8 l. 16, l. 81, §. 3, *de evict*.

interest, la restitution des fruits que l'acheteur a été obligé de faire au revendiquant. Mais il ne s'agit pas des fruits perçus depuis la *litis contestatio*; quant à ceux qu'il a recueillis avant cette époque, ils sont définitivement à lui, pourvu qu'il ait été de bonne foi jusqu'au procès, et qu'il les ait consommés (1).

Occupons-nous maintenant des dépenses que l'acheteur peut avoir faites, soit pour la conservation, soit pour l'amélioration de la chose vendue. Les premières, qui sont nécessaires, sans lesquelles la chose aurait péri, sont toujours remboursées par le propriétaire.

Quid pour les secondes? Nous avons déjà dit que les améliorations naturelles, comme l'allusion, les parts étaient à la charge de l'auteur. Quelle solution donner pour les améliorations artificielles? C'est-à-dire celles qui ont été faites par le possesseur. Il faut répondre que, selon le principe *nemo debet fieri locupletior alterius detrimento*, le revendiquant doit rendre à l'acheteur le prix des dépenses qui ont amélioré la chose dans la limite de la plus-value qu'elles ont produite ou de la somme qu'il y a employée, si elle est moindre que la plus-value. Mais l'acheteur

(1) L. 62, § 1, *de rei vind*. L. 48, § 1, *de acquir. rer. domini*.

doit avoir été de bonne foi au moment de ces dépenses; si donc il les a faites après la *litis contestatio*, c'est-à-dire à une époque où il savait évidemment que la chose ne lui appartenait pas, nous lui refuserons avec Ulpien, le recouvrement que Julien penchait à lui accorder. Son droit se bornera à enlever ce qui est susceptible de l'être, sans dommage pour le fonds. C'est la seule chose aussi qu'il puisse exiger, même quand il a été de bonne foi, dans le cas où le revendiquant, vu sa pauvreté, ne pourrait pas acquitter les dépenses, et où il serait trop dur de l'empêcher de recouvrer sa chose à laquelle le rattachent des liens d'affection et des souvenirs de famille (1).

En règle générale donc, l'acheteur ne peut pas réclamer au vendeur les dépenses qui ont été faites pour l'amélioration. Il y a cependant une restriction à apporter à ce principe général. Nous lisons, en effet, dans la loi 48, § 1, Dig., *de act. empt.*, « que si l'esclave est revendiqué en servitude, et non en liberté, le maître doit le salaire et les dépenses. » D'où nous concluons que si l'éviction se fait pour la liberté, c'est toujours le vendeur qui doit les frais nécessités par l'instruction de l'esclave, puisque, dans ce cas, il n'y a pas de maître à qui l'acheteur puisse s'adresser.

(1) L. 27, § 5, *de rei vindic.* L. 22, § 5, Cod. même titre.

L'acheteur ne peut pas réclamer par une action, contre l'évinçant, les dépenses d'amélioration ; il n'a à sa disposition qu'une exception
qu'il oppose à la revendication du propriétaire,
jusqu'à ce qu'il soit remboursé. Lorsqu'il y a à la
fois des fruits perçus et gagnés par l'acheteur
avant la *litis contestatio*, et des dépenses qu'il réclame par l'exception de dol, il s'établit une
compensation ; et c'est seulement l'excédant des
dépenses sur les fruits qui doit être remboursé
par le propriétaire ; de cette manière, l'acheteur
tient compte de ce que la possession de la chose
lui a fait gagner, de même qu'il répète ce qu'il a
dépensé pour elle (1).

Si l'acheteur avait négligé d'opposer l'exception
au propriétaire de la chose, il ne pourrait plus
demander à son auteur le remboursement qui
aurait dû lui être fait par le revendiquant. Mais
s'il n'a rien pu obtenir du propriétaire, bien qu'il
lui ait opposé l'exception, ou s'il n'en a obtenu
qu'une partie de la somme déboursée, ou encore
si les dépenses ont été compensées avec les fruits,
l'acheteur pourra répéter contre son vendeur
leur acquittement total ou complémentaire, mais
toujours dans la limite de la plus-value, car la
perte qui excède cette plus-value ne provient pas

(1) L. 48, *de rei vindicatione.*

de l'éviction. De même, si l'acheteur ayant perdu, sans sa faute, la possession du fonds, n'a pas pu se servir contre le propriétaire de l'exception de dol, il pourra se retourner contre son garant. Mais celui-ci ne sera pas tenu d'indemniser complétement son acheteur, si la plus-value est immense et telle que le vendeur n'ait jamais pu penser à une somme si considérable ; on a décidé que l'obligation du vendeur ne pourrait pas dépasser le double du prix de vente (1).

Toutefois ce tempérament ne s'applique qu'au vendeur de bonne foi. Celui qui a vendu sciemment la chose d'autrui est censé avoir accepté tous les risques et périls qu'entraîne son acte frauduleux. Il ne pourra pas invoquer la limitation du double, et sera tenu à l'infini de la plus-value. Il ne sera pas non plus admis à reprocher à l'acheteur d'avoir omis l'exception de dol, au moyen de laquelle il pouvait réclamer ses dépenses au revendiquant (2).

Il faut encore renfermer dans le *id quod interest*, les *impensas litis*, parce que c'est un dommage résultant de l'éviction (3). Mais si l'acheteur avait triomphé de son adversaire, il ne pour-

(1) L. 43, *in fine* de act. empt.
(2) L. 45, § 1, de act. empt.
(3) L. 17, Code de evict. — L. 18, D. de dolt mali et metus except.

rait pas réclamer à son vendeur les frais du procès, par la raison qu'il n'y a pas eu éviction (1).

Voilà donc en quoi se résout ordinairement l'action *ex empto*. N'y a-t-il point cependant des cas où elle aboutira par exception à une restitution pure et simple du prix? C'est ce qui arrivera, selon Cujas, dans le cas où l'acheteur a l'action *ex empto*, quand il est évincé d'une chose qui ne saurait être estimée, comme le patronat et les droits qu'il engendre (2). Dans cette hypothèse, le prix sert à déterminer l'intérêt de l'acheteur, puisqu'il ne peut être estimé autrement. De même, le vendeur ne devra que le prix, si les parties sont convenues que le vendeur n'aurait rien à fournir à l'acheteur du chef de l'éviction (3).

Le vendeur poursuivi en garantie par l'acheteur n'a pas le droit de le repousser en lui offrant la chose même qui a été évincée, car il faut de plus qu'il l'indemnise du dommage que l'éviction lui a fait éprouver ; mais s'il offre en même temps cette indemnité, il peut repousser par l'exception de dol l'action *judicati* de l'acheteur (4).

Quand l'éviction n'est que partielle, on suit les

(1) L. 18, Code *de evict.*
(2) L. 8, *in fine præscr. verb.* L. 126, *de Reg. juris.*
(3) L. 11, § 18, *de act. empt.*
(4) L. 67, *de evict.* L. 18, *de doli et metus except.*

mêmes règles que pour l'éviction totale. Seulement si elle porte sur une partie déterminée, si elle a lieu *pro diviso*, il est inutile d'estimer le fonds entier : on estime seulement, en se plaçant à l'époque de l'éviction, ce qui est enlevé à d'acheteur, *pro bonitate hujus partis*. Si elle a lieu *pro indiviso*, le recours de l'acquéreur se calcule *pro quantitate partis evictæ*, en considérant toujours le moment de l'éviction.

Si l'éviction porte sur un accessoire ou un reste de la chose, l'estimation a lieu suivant leur valeur au temps de l'éviction. Si elle porte sur l'usufruit, l'estimation ne peut se référer à la chose elle-même, mais aux fruits qu'elle produit. Tout naturellement alors elle se fait *pro bonitate fructuum*.

Nous avons dit que le vendeur n'est garant de la revendication d'une servitude que s'il a vendu le fonds *uti optimum et maximum*. Dans ce cas, à quelle indemnité doit-il être condamné envers l'acheteur? D'après la loi 61, Dig., lib. 21, tit. 1, l'acheteur obtiendra, par l'action *ex empto*, ce dont le prix aurait été moindre si la servitude avait été connue, ou bien il obtiendra ce dont la chose vaut de moins à raison de la servitude qui la grève. C'est la formule adoptée par Paul dans la loi 15, § 1, Dig., *de evict.* Il doit donc pouvoir obtenir *ex empto* tout le *id quod interest*, qui peut être supérieur au *quanti minoris emisset*.

§ 5. *Recours de l'acheteur par l'action ex stipulatu.*

Le nom même de l'action *ex stipulatu duplæ* indique suffisamment ce que peut obtenir l'acheteur qui s'en sert. Il a droit au double du prix de la chose vendue, quel que soit le tort que l'éviction ait fait subir à l'acheteur, et dans quelque état que se trouve la chose au moment de l'éviction. Cette action a simplement pour but la poursuite de la somme promise, qui est ordinairement le double, et non pas la poursuite des dommages-intérêts; ou plutôt cette somme les comprend comme un véritable forfait. Elle ne peut donc pas s'abaisser quand le préjudice est inférieur au prix. En cela l'action *ex stipulatu* est préférable à l'action *ex empto*, puisqu'il est possible que, par celle-ci, le vendeur soit condamné à une somme moindre que le prix qu'il a reçu. Mais, d'un autre côté, l'action *ex empto* est plus avantageuse que l'action *ex stipulatu*, en ce sens que la première donne droit à des dommages-intérêts *in infinitum* lorsque le vendeur a été de mauvaise foi, tandis que la seconde ne peut jamais, sous aucun prétexte, s'élever au-dessus du double qui a été stipulé. Il s'ensuit que lorsque l'acheteur a déjà obtenu quelque chose du vendeur, en raison d'une éviction partielle, de l'existence d'un vice ou d'une charge, etc., on doit en faire diminution sur le prix lorsque survient l'éviction totale, car autrement il se trouverait toucher plus que le montant de la stipulation (1).

L'action *ex stipulatu* n'est ouverte, nous le savons, que lorsqu'il y a éviction totale ou éviction d'une partie homogène, ou encore de l'usufruit.

En cas d'éviction totale, si la stipulation est du double, on double le prix.

En cas d'éviction de l'usufruit, il faut une estimation, car, la proportion pour laquelle l'usufruit entre dans le prix ne se trouve pas déterminée d'avance. On l'établit en prenant pour base le produit annuel, *pro bonitate æstimatio facienda est*. Le produit sur lequel doit porter l'estimation est celui de la chose au temps de la vente, et non pas au temps de l'éviction (2).

Quand il y a éviction partielle il faut distinguer, pour fixer la somme à doubler, si l'éviction porte sur une partie *pro indiviso* ou sur une partie *pro diviso*. Dans le premier cas, il n'y a pas

(1) L. 48 *de evict.*
(2) L. 18, § 1, *de evict.*

d'estimation à faire. La quantité enlevée à l'a-
cheteur lui donne droit à une quantité égale de
la *stipulatio duplæ*; s'il est réduit d'un quart, il
demande aussi le quart de la somme stipulée.

Dans le deuxième cas, au contraire, on est
forcé de déterminer pour combien la partie évincée est entrée dans le prix, car toutes les parties
d'un fonds n'ont pas le plus ordinairement la
même valeur. Le recours a lieu *pro bonitate loci.*
On se place toujours au moment de la vente; de
cette façon, on arrive à une proportion sûre entre la valeur comparée de la partie évincée et de
celle qui reste à l'acheteur, car leur valeur res-
pective a pu se modifier depuis la vente.

Le résultat de cette opération indique pour
quelle fraction la portion enlevée à l'acquéreur
a été comprise dans la vente, et l'on n'a plus qu'à
la doubler, pour fixer le montant de la condamnation du vendeur (1).

Il faut excepter de cette règle le cas où il y aurait conventions contraires, c'est ce qui résulte
de la loi 83, D., *de Evict.* Il est dit dans ce texte
que si un fonds a été vendu à tant l'arpent, il y a
autant de ventes que d'arpents dans le fonds, et
si l'acheteur vient à être évincé d'une partie, on
doublera le prix de chacun d'eux autant de fois

(1) L. 1, 13, 14, D. *de evict.*

que l'éviction comprend d'arpents sans avoir égard à leur qualité. En effet, si on a dit : chaque arpent vaudra tant, chaque arpent fait un tout qui ne dépend en rien du prix des arpents voisins, quoique les prix soient égaux. Ici donc on ne considère plus la *bonté*, puisque la bonté est une qualité relative, et que l'on est convenu d'estimer chaque arpent en lui-même, abstraction faite de tous les autres.

En se reportant, pour l'estimation, quand on est obligé de la faire, au temps de la vente, on se conforme au principe qui veut qu'on ne tienne aucun compte des augmentations ou de la dépréciation qui sont le fait du temps ou de l'acheteur lui-même. On ne prend pas davantage en considération les produits ou les accessoires, quand il y en a eu, comme lorsque le fonds s'est trouvé agrandi par alluvion. En est-il de même lorsqu'il vient à être diminué, et faut-il assimiler la perte partielle aux détériorations, ou bien ne faut-il pas dire plutôt que la perte partielle réduit l'action, de même que la perte totale l'anéantit ? Papinien, dans la fameuse loi 64, *Ex mille*, Dig., *de Evict.*, résout la question par une distinction : La perte partielle est prise en considération quand l'éviction est partielle : elle diminue alors le recours de l'acheteur et se trouve en conséquence rester à sa charge; au contraire on n'en tient pas compte quand l'éviction est totale : dans ce cas elle retombe sur le vendeur qui est tenu du double sans déduction.

Tous les interprètes ont tenté vainement de concilier entre elles les différentes parties de ce texte. Dumoulin seul témoigne de son admiration pour la loi *ex mille* tout entière. Quant à nous, nous n'entreprendrons pas de lever l'antinomie qui existe entre les diverses phrases de la loi de Papinien ; il vaut mieux, je crois, dire avec Noodt que cette loi est enveloppée d'une nuit profonde, et que personne, pas même Cujas, n'a porté dans ces ténèbres le flambeau de la vérité.

§ VI. *De l'exception de garantie.*

L'action en éviction appartient à tous ceux qui ne se sont pas exclus de la faculté de revendiquer, pour avoir promis de garantir l'exécution du contrat. Ceux qui ont renoncé expressément ou tacitement à l'éviction sont : l'auteur, ses héritiers, le fidéjusseur et ses héritiers.

1° Le garant ne peut pas évincer. Aussi toute demande de sa part contre l'acheteur sera repoussée par l'*exceptio rei venditæ* ou *traditæ*, ou par l'*exceptio doli*. De là est venue la maxime : « Quem de evictione tenet actio, eumdem agen- « tem repellit exceptio. » Toutefois cette formule n'est pas d'une entière exactitude, car il n'est pas nécessaire d'être garant pour être repoussé par l'exception de dol. C'est ainsi que l'acheteur est en droit de se prévaloir de cette exception contre la revendication que voudrait exercer contre lui le créancier gagiste son vendeur; et, pourtant, nous savons que ce créancier n'est pas tenu de l'obligation de garantie s'il a agi *jure creditoris.* Il n'est pas garant, et cependant il ne peut revendiquer le gage contre l'acheteur, sous peine d'être écarté par l'*exceptio doli.* Nous dirons donc, d'une manière générale, que tout vendeur qui ayant vendu la chose d'autrui, la revendiquerait, sous prétexte qu'il en est devenu propriétaire depuis, sera repoussé par l'*exceptio rei venditæ et traditæ.* La loi 25, Cod., *de evict.,* n'apporte pas une restriction à cette règle générale, car dans ce rescrit le vendeur Saturninus évince, non pour jouir, mais pour faire jouir l'esclave de sa liberté. Celui qui défend la liberté est, sous un certain rapport, un autre homme que celui qui a vendu; comme il a, pour ainsi dire, cessé d'être vendeur, la maxime *quem de Evictione...* ne lui est plus applicable.

Mais le vendeur peut revendiquer la chose, si la revendication a une juste cause, par exemple, s'il n'est pas payé du prix, et s'il n'a pas suivi la foi de l'acheteur; dans ce cas, le garant écartera victorieusement l'exception au moyen d'une réplique (1).

2° L'exception *rei venditæ* triomphera également contre les héritiers de l'auteur, soit qu'ils se prétendent propriétaires de leur chef de la chose vendue, soit qu'ils soutiennent que leur auteur en était devenu propriétaire depuis la vente (2). Nous en dirons autant du successeur particulier du vendeur, par exemple, un deuxième acheteur; bien qu'il ne succède pas aux obligations de son auteur ; car il succède à ses droits et ne peut en avoir plus que lui. Ainsi la tradition à un second acheteur, quoique faite *a domino*, parce que le vendeur est devenu propriétaire dans l'intervalle, ne peut pas valoir contre la tradition au premier acheteur, quoique faite *a non domino*. La raison en est que le vendeur de qui le second acheteur tient les droits aurait succombé dans le procès avec le premier acheteur, soit par l'action Publicienne, soit par la réplique *rei venditæ et traditæ* (3).

3° Le fidéjusseur ne peut pas plus que l'auteur, évincer l'acheteur de l'objet dont il a promis la garantie. Il semble même que s'il y avait

(1) L. 1, § 3, *de except. rei venditæ.*
(2) L. 1, 2, *de except. rei vend.* L. 11, 14, Cod. *de evict.*
(3) L. 2, 3, *de except. rei vend.* L. 4, § 32, *de doli mali.* — L. 72, *de rei vend.*

dès degrés dans la prohibition, elle dût être encore plus forte pour le fidéjusseur, puisqu'il ajoute son obligation à celle du vendeur pour la consolider.

Son obligation passe, selon le droit commun, à ses héritiers qui seraient également repoussés par l'exception, s'ils voulaient évincer l'acquéreur. Cela résulte positivement des lois 11 et 14 au Code, *de Evictionib*. Cette affirmation est contredite par la loi 31, Code, *de Evict*. Cette antinomie a fort embarrassé les interprètes. Pour ma part, je crois que tout essai de conciliation est complétement inutile ; que ces solutions divergentes tiennent à des doctrines opposées, et que les textes qui viennent d'être cités sont la trace des anciennes controverses sur ce point. Nous voyons, en effet, au Digeste, Paul dans la loi 73, *de Evict*., en désaccord avec Ulpien et Hermogénien qui dans les lois 1, § 1, et 3, § 1, *de except. rei venditæ*; accordaient à l'acheteur le droit de repousser par l'exception la revendication des héritiers du vendeur, ou, ce qui est la même chose, des héritiers de la caution. Cette dernière opinion avait fini par triompher ; ce qui nous le fait croire, c'est qu'Hermogénien est le jurisconsulte le moins ancien de ceux dont les textes sont au Digeste. Les rédacteurs du Code ont donc eu tort de reproduire dans la loi 31, *de Evict.*, le système de Paul, puisqu'il était depuis longtemps abandonné.

L'usage de l'exception est facultatif pour l'acquéreur; il peut ou s'en servir, ou s'il le préfère, se laisser évincer, et exercer ensuite son recours *ex stipulatu aut ex empto*. Et on ne pourra pas lui reprocher de n'avoir pas évité l'éviction alors qu'il en avait le moyen; car le garant répond toujours de l'éviction qui procède de ses faits personnels (1).

§ 7. *De la nature de l'obligation de garantie.*

En droit romain, l'éviction partielle ne donne à l'acquéreur qu'une action partielle en garantie contre le vendeur; on conçoit parfaitement l'exécution partielle de l'obligation de garantie entre le vendeur et l'acquéreur.

Si l'acheteur laisse plusieurs héritiers, chacun d'eux ne peut agir en garantie que pour sa part héréditaire.

S'il y a plusieurs vendeurs, et que la vente ait été faite avec indication de parts (2), l'acheteur évincé de l'une des parts n'a de recours que contre celui qui la lui a vendue. Il en est de même

(1) L. 17, 18, 10 de evict.
(2) L. 30, § 2, de evict.

quand il n'y a pas eu indication de parts, mais que les droits de chaque vendeur proviennent d'une origine différente. Car dans ce cas il était impossible à l'un des vendeurs de faire valoir les moyens à l'appui des droits de ses covendeurs.

Si le vendeur laisse plusieurs héritiers, comment seront-ils tenus? Les lois 85 § 5 et 135 de *verb. oblig.* semblent proclamer l'indivisibilité de l'obligation de garantie, car elles disent toutes deux que les héritiers du vendeur doivent être poursuivis *omnes et in solidum.* La loi 139 ajoute *quolibet defugiente cœteris subsistere nihil prodest uno defugiente, omnes defugisse videntur.* Je ferai d'abord remarquer que l'argument que l'on tire des mots *in solidum* tombe devant le mot *omnes.* En effet, si les mots *in solidum* voulaient dire que chaque héritier est tenu de défendre pour le tout pourquoi l'acheteur était-il obligé d'appeler tou ses garants, et n'avait-il pas le droit de s'adresser à un seul, comme cela a lieu toutes les fois que chacun des débiteurs est tenu pour le tout par suite de la corréalité, de la solidarité ou de l'indivisibilité. Il y a donc une contradiction entre ces expressions *omnes* et *in solidum.* En second lieu, on peut parfaitement considérer la défense *in solidum* dont parlent ces textes comme n'étant qu'une forme de la procédure romaine, une conséquence de la *stipulatio duplæ.* Qu'était-ce que cette *stipulatio?* Une clause pénale; or primitivement la clause pénale rendait indivisible l'obligation divisible en ce sens que la peine était encourue si l'obligation n'était exécutée qu'en partie; qu'elle l'était à l'égard de tous les débiteurs, si l'un d'eux seulement ne l'avait pas exécutée; d'où la conséquence que chaque débiteur devait l'exécuter pour le tout s'il voulait éviter la peine. On comprend dès lors la nécessité pour chaque garant de défendre non-seulement pour sa part, mais encore pour celle de ses codébiteurs. Tel était à cet égard l'ancien droit; mais peu à peu cette rigueur s'adoucissant sous l'influence du droit prétorien, tous les effets résultants de l'indivisibilité de la clause pénale disparurent dans les contrats de bonne foi, et les stipulations s'y rattachant. Dans la *stipulatio duplæ*, le seul vestige de l'ancien droit qui survécut fut cette règle que la vente devait être défendue pour le tout par les divers héritiers du vendeur. Mais le seul résultat de cette obligation de plaider *in solidum*, c'était de rendre la chose jugée opposable à tous les codébiteurs. Ce but unique nous est parfaitement indiqué dans la loi 62 § 1, Dig. *de evict.* Ces expressions *omnes* et *in solidum*, ainsi entendues, restent les décisions finales des lois 85 § 5 et 139 Dig. *de verb. oblig.* desquelles il résulte que chaque héritier du vendeur n'est tenu que *pro parte hereditaria.*

Nous n'avons parlé jusqu'à présent que de l'action en garantie; voyons ce qu'il faut décider pour l'exception. Supposons qu'un des héritiers du vendeur vienne revendiquer contre l'acheteur la chose vendue, dans quelle limite devra-t-il être repoussé? Sera-ce pour le tout ou seulement pour sa part héréditaire; en d'autres termes, l'exception est-elle divisible ou indivisible? A cet égard, la loi 14, Cod. *de Rei vindicatione,* proclame formellement la divisibilité de l'exception. On a dit que c'était une décision spéciale, pour le cas où l'acheteur a été de mauvaise foi, et a su que la chose vendue n'appartenait pas au vendeur. Mais qu'importe! Est-ce que cette circonstance peut rendre divisible une obligation indivisible? Évidemment non.

En second lieu, puisque nous croyons que l'action en garantie était divisible en droit romain, la logique ne nous conduit-elle pas forcément à la même solution pour l'exception. Qu'est-ce donc, en effet, que l'exception de garantie, sinon que l'action même en garantie intentée avant la réalisation de l'éviction?

Ainsi, il résulte clairement des textes du Digeste et du Code que l'obligation de garantie, de quelque manière qu'elle se produisît, soit sous

la forme de l'action, soit sous celle de l'exception, était divisible entre les héritiers du vendeur, comme l'action en garantie l'était entre les
héritiers de l'acheteur.

la forme de l'action, soit sous celle de l'exception, était divisible entre les héritiers du vendeur, comme l'action en garantie l'était entre les
héritiers de l'acheteur.

DE LA GARANTIE

EN CAS

D'ÉVICTION DANS LA VENTE

CHAPITRE PREMIER.

DE LA GARANTIE.

« Garantir, dit Loyseau, signifie proprement
« asseurer, et un garant est celui qui asseure un
« autre, et qui est tenu de l'acquitter de quelque
« action ou procès (1). »

La garantie est, en général, l'obligation de
procurer à une personne la jouissance possible
et utile des droits que nous lui avons cédés, ou
de l'indemniser si nous n'y réussissons pas. En
matière de vente, c'est l'obligation pour le vendeur de maintenir l'acheteur en possession de la

____

(1) Garantie des rentes, ch. 1. n° 1.

chose vendue, ou de l'indemniser si elle vient à lui être enlevée. Le vendeur doit défendre l'acquéreur contre tous troubles et évictions ; et s'il n'a pu les empêcher, lui tenir compte du dommage par lui éprouvé.

En principe, l'obligation de garantie est de la nature de la vente, mais non pas de son essence. Elle est de sa nature, puisque, d'après ··t. 1626. elle existe de plein droit, et sans qu'il soit besoin d'en parler. Mais elle ne lui est pas essentielle, puisqu'aux termes de l'art. 1627, on peut, par une stipulation spéciale, non-seulement la restreindre, mais aussi la supprimer, comme on peut réciproquement l'élargir. Lorsque les parties ont complétement écarté la garantie, le contrat de vente se trouve modifié à la fois dans sa nature et dans son objet. Dans sa nature, puisqu'il devient une sorte de contrat aléatoire ; dans son objet, parce que ce n'est plus précisément la chose elle-même qui est vendue, mais la prétention incertaine du vendeur à cette chose.

La garantie, étant de droit, n'a pas besoin d'être stipulée dans le contrat ; il en résulte que la clause générale de garantie ne produit ordinairement aucun effet, à moins qu'il n'apparaisse par quelque autre disposition particulière, ou par l'ensemble et les circonstances du contrat, que les parties ont voulu étendre par là l'obligation du vendeur à quelque point spécial. Ainsi, la clause par laquelle le vendeur *se porte garant de tous troubles et évictions quelconques,* n'ajoute rien à son obligation, parce qu'on l'entend naturellement des évictions dont il doit garantir l'acheteur d'après le droit commun, l'acheteur ne pourrait pas prétendre que, vu sa généralité, elle lui assure un recours même pour les évictions qui n'obligent pas ordinairement le vendeur, par exemple, pour les évictions provenant du fait du prince.

L'extension de la garantie ne peut donc résulter que d'une manifestation certaine de la volonté des parties, et d'une simple clause de style. Cette garantie plus large que celle de la loi, et résultant de conventions spéciales, se nomme *garantie de fait,* par opposition à celle établie par la loi, et qui s'appelle *garantie de droit.* Ainsi les parties peuvent convenir qu'en cas d'éviction, le vendeur restituera le prix, et une somme déterminée en sus. Elles fixent à forfait les dommages intérêts, et la somme promise doit être acquittée, quelque préjudice que l'acheteur souffre réellement à raison de l'éviction. Le vendeur peut, en outre, se charger de l'éviction dans des cas où il n'en serait pas tenu de droit commun, par exemple, dans l'hypothèse du fait du prince.

Nous verrons plus loin que l'acheteur qui

connaissait, lors de la vente, le danger de l'éviction n'a droit qu'à la restitution de son prix; une stipulation formelle de garantie aurait alors pour effet de compléter son recours, en y adjoignant les dommages-intérêts ordinairement dus. Ce point ne peut pas faire plus de difficulté que les précédents; car ce n'est qu'une manière d'étendre la garantie, qui rentre parfaitement dans les termes de l'article 1627. Dans le cas de stipulation expresse et générale de garantie, si l'acheteur ayant eu connaissance de la cause d'éviction, l'a cachée au vendeur, il n'a pas droit, selon Pothier, aux dommages-intérêts, « *car l'équité ne permet pas que l'acheteur profite de cette surprise faite au vendeur* (1). » Rien dans les principes du Code ne venant contredire cette décision équitable, il me semble qu'elle doit toujours être adoptée.

Réciproquement, il est permis aux parties de diminuer, et même de supprimer l'obligation légale de garantie par telles clauses dont il leur plaira de convenir. Ces clauses peuvent avoir plus ou moins d'étendue, suivant l'intention des contractants; ou elles exemptent le vendeur de la responsabilité de toutes les causes d'éviction; ou elles ne le déchargent que d'une cause spéciale;

____

(1) *Vente*, n. 191.

ou elles le dispensent de toute indemnité et restitution de deniers; ou elles ne l'affranchissent
que d'une certaine quotité de dommages-intérêts.
Elles peuvent encore supprimer les dommages-
intérêts, tout en laisant subsister l'obligation de
restituer le prix. Enfin on peut convenir expressément que le vendeur ne sera obligé à aucune
garantie, pas même à la restitution du prix. On
le voit donc, toutes les clauses de non garantie,
générales ou spéciales, sont permises dans la
vente, tandis qu'il en est autrement lorsqu'il
s'agit de partage. L'art. 884 nous apprend, en
effet, qu'en cette matière une clause générale de
non garantie serait nulle; il faut que l'espèce
d'éviction soufferte ait été exceptée par une clause
particulière et expresse de l'acte de partage pour
que les copartageants soient à l'abri de toute
responsabilité.

Cette différence entre la vente et le partage est
très-rationnelle : l'acheteur doit être sur ses
gardes ; s'il fait une concession au vendeur, il en
peut réclamer le prix en quelque sorte; il peut
consentir à courir un risque pour faire un meil-
leur marché. Voilà pourquoi le législateur autorise une clause générale de non-garantie dans la
vente. Les copartageants, au contraire, pourraient trop légèrement accéder à une clause qui
les libérerait les uns envers les autres, où ils

s'imagineraient trouver tous leurs avantages, et qui devenant bientôt de style ouvrirait la porte à bien des fraudes et finirait par détruire l'égalité des partages. Voilà pourquoi la loi prohibe ici la clause générale de non-garantie.

Revenons à notre sujet. La clause de non-garantie, quelqu'étendue que les parties aient entendu lui donner, n'est jamais illimitée. C'est ce qui résulte de l'art. 1628, ainsi conçu : « Quoiqu'il soit dit que le vendeur ne sera soumis à aucune garantie, il demeure cependant tenu de celle qui résulte d'un fait qui lui est personnel ; toute convention contraire est nulle. » Cette règle, a dit M. Faure dans son rapport au Tribunat « prend sa source dans la bonne foi qui doit présider à tous les contrats ; il serait contre toute justice de souffrir que le vendeur profitât de sa faute, et contre toute raison, de présumer que l'acquéreur a bien voulu lui permettre de le tromper impunément » (1). Ainsi, lorsque dans un acte de vente, après avoir déclaré que le vendeur est affranchi de toute garantie, on ajoute *à l'exception de celle de ses faits personnels*, on dit une chose parfaitement inutile, puisqu'on répète ce qui se trouve déjà dans la loi. Sous ce rapport, on peut dire que la garantie est essentielle dans

_____
(1) Fenet, 1. 14, p. 165.

la vente, et produit son effet, nonobstant toute clause contraire. Par fait personnel, il faut entendre le fait du vendeur lui-même, et non celui de la personne qu'il représente comme héritier ou successeur *ab intestat*. Comme exemple de faits personnels au vendeur, on peut citer les suivants : Je vous vends une maison que j'ai déjà vendue à un autre, ou que j'ai hypothéquée à l'acquittement d'une obligation, et je stipule que je vous la vends sans garantie ; cette stipulation est nulle. Si donc vous êtes évincé par le premier acheteur ou par le créancier hypothécaire, vous aurez droit à garantie. La loi n'a pas voulu que le vendeur pût s'enrichir sciemment aux dépens de l'acheteur, et qu'il pût troubler celui auquel il doit procurer une libre jouissance. Mais l'art. 1628 doit-il s'entendre également des faits postérieurs et des faits antérieurs? A l'égard de ceux-là, nul doute ne peut s'élever; c'est pour eux surtout qu'il ne peut être permis au vendeur de stipuler efficacement la non-garantie. Ce serait, en effet, lui donner le droit de manquer à sa foi. Les bonnes mœurs prohibent une telle convention. Quant aux faits antérieurs, il faut, je crois, distinguer : il est certain d'abord que de pareils faits ne peuvent pas être écartés de la garantie par une clause générale, car il y aurait dol de la part du vendeur qui les connaît parfaitement, à ne pas en prévenir son acheteur. Ainsi, vous avez acquis un immeuble, en vertu d'une vente entachée de lésion de plus des sept douzièmes. On sait, qu'en vertu de l'art. 1674, le vendeur lésé de plus des sept douzièmes dans le prix d'un immeuble a le droit de demander la rescision de la vente. Cela étant, vous me vendez ledit immeuble sans me faire connaître le danger de l'éviction, et vous insérez dans le contrat une clause générale de non-garantie. Malgré cette stipulation, vous n'en serez pas moins garant de l'éviction qui pourra être prononcée; car cette éviction sera la conséquence de la lésion qui est votre fait personnel. Mais si le vendeur a fait connaître à son acheteur par une déclaration expresse et spéciale, le fait dès à présent accompli, il n'y a plus dol de sa part, et la restriction à la garantie devient valable; car, il est certain que l'acheteur, en donnant son adhésion à la clause, en parfaite connaissance de cause, a voulu se soumettre à la chance qui lui était indiquée. Dès lors, la convention doit produire son effet, puisqu'elle n'a rien que de très-loyal et très-licite, et le vendeur cessera d'être tenu de la garantie en vertu de la stipulation.

L'art. 1629 nous fait voir quelles sont les conséquences de la clause de non-garantie : « Dans le même cas de stipulation de non-garantie, le vendeur, en cas d'éviction, est tenu à la restitu=

tion du prix... » Ainsi, le vendeur, par l'effet de cette convention, se trouve dispensé de prendre le fait et cause de l'acheteur, et de lui payer des dommages-intérêts; mais il reste toujours tenu de restituer le prix de vente à l'acquéreur évincé. Il serait, en effet, trop inique que l'acheteur perdît, à la fois, et la chose et le prix. Telle était, sur ce point, la doctrine des jurisconsultes romains. Mais la loi française, en déterminant la portée de la stipulation de non-garantie, ne distingue pas si elle a eu lieu au moyen d'une clause générale ou d'une clause spéciale. Nous savons pourtant qu'il y avait eu des doutes sur l'assimilation de ces deux genres de clauses parmi les interprètes du droit romain. Les glossateurs attribuaient à la clause spéciale de non-garantie l'effet d'une libération complète. Mais l'opinion contraire avait prévalu. Elle est enseignée par Pothier (1), et l'art. 1629 du Code Napoléon, par cela même qu'il ne distingue pas, ne permet pas de renouveler les anciens doutes à cet égard. Nous disons donc, peu importe, que la clause de non-garantie soit générale ou spéciale, la conséquence est toujours la même, c'est-à-dire, que si les dommages-intérêts échappent à l'acheteur évincé, le remboursement de son prix lui est du moins

____

(1) Vente, n° 185.

dû, dans tous les cas. En d'autres termes, lorsque dans une vente, il a été inséré un pacte de non-garantie, l'acheteur perd son action en garantie, mais il conserve l'action en nullité de la vente, qui lui est conférée par l'art. 1599. Il faut donc distinguer avec soin ces deux actions : l'action en garantie, c'est le recours que l'acheteur peut intenter contre son vendeur pour se faire indemniser du préjudice que lui a causé l'éviction. L'action en nullité, c'est celle qu'il exerce pour faire annuler le contrat, et réclamer le prix qui se trouve sans cause entre les mains du vendeur. Nous savons, en effet, qu'il y a entre la vente du Code civil et celle du droit romain une différence profonde. Autrefois, la vente était un contrat simplement productif d'obligations ; elle est maintenant un contrat translatif de propriété, un acte d'aliénation. C'est pour cette raison, que la vente ayant pour objet la chose d'autrui, valable à Rome, se trouve nulle aujourd'hui, aux termes de l'art. 1599. Tant que la vente n'a été qu'un acte productif d'obligations, comme rien n'empêche de contracter une obligation relativement à une chose qui ne nous appartient pas, on a pu vendre la chose d'autrui. Mais à présent que la vente, changeant de caractère, a pour but d'opérer immédiatement la translation de propriété, il est clair que par la force même des choses,

on ne peut pas vendre ce dont on n'a pas la propriété, ni transmettre à autrui le droit que l'on
n'a pas soi-même. Sous l'empire de notre législation, la vente de la chose d'autrui est nulle en ce
sens que l'acheteur a désormais la faculté de ne
pas rester lié par une vente qui ne lui transfère
pas la propriété qu'il croyait acquérir, de refuser
de prendre livraison de la chose et de payer son
prix ou de se faire rendre le prix en restituant la
chose. C'est une sorte d'action rédhibitoire que
le Code lui donne, et dont il est libre d'user ou
non. A cet égard, la loi ne distingue pas entre
l'acheteur trompé et celui qui savait que la chose
était à autrui. Tous deux ont le droit de répudier
une vente qui ne les rend pas propriétaires ; tous
deux ont le droit d'exiger du vendeur le remboursement du prix qui se trouve sans cause entre
ses mains, puisqu'il l'avait reçu comme l'équivalent du droit de propriété qu'il avait promis, mais
qu'il n'a point procuré. On comprend, dès lors,
pourquoi nous disions tout à l'heure que la
clause de non-garantie ne pouvait qu'anéantir
l'action en garantie, tout en laissant subsister
l'action en nullité de la vente. Ainsi, le vendeur
déchargé de tous dommages-intérêts en vertu de
la stipulation de non-garantie, reste toujours débiteur du prix en cas d'éviction. Nous en dirons
autant du cas où l'acte de vente étant muet sur la

garantie, l'acheteur connaissait, lors de l'opération, le danger de l'éviction, comme on le voit par l'art. 1599 qui ne rend le vendeur de la chose d'autrui passible de dommages-intérêts que si l'acheteur a été de bonne foi. Cet argument *a contrario*, tiré de l'art. 1599, est encore fortifié par l'effet important que l'art. 1629 attache à la circonstance que l'acheteur a connu le péril qui le menaçait. Au surplus, le doute sur ce point n'est pas possible ; car nous savons que dans notre ancien droit, la question qui s'élevait ne consistait pas à savoir si le vendeur, en cas pareil, était libéré des dommages-intérêts, mais s'il n'était pas, de plus, dispensé de restituer le prix. Pothier n'admettait pas que le vendeur pût conserver le prix ; et, en pratique, la répétition du prix était le plus souvent ordonnée. C'est cette théorie que notre Code a consacrée ; il accorde un recours à l'acheteur qui a connu, lors de la vente, le danger de l'éviction, mais il le borne à la répétition du prix. La connaissance par l'acheteur, lors du contrat, de l'imminence de l'éviction, laisse, comme la clause de non-garantie, l'action en nullité survivre à l'action en garantie.

Il importe peu, au surplus, que la connaissance des causes d'éviction ait été acquise à l'acheteur par une déclaration formelle du vendeur ou autrement. Seulement, dans ce dernier cas, comme celle connaissance ne doit pas se présumer, ce sera tout naturellement au vendeur à prouver qu'elle existait chez l'acheteur.

Nous avons maintenant à exposer les hypothèses dans lesquelles la convention de non-garantie fait disparaître, à la fois, les deux actions en nullité et en garantie. L'art. 1629, *in fine*, permet au vendeur de ne payer aucune indemnité à l'acheteur, et même de retenir le prix de vente dans deux cas : 1° lorsqu'à la clause de non-garantie se joint la circonstance que l'acheteur connaissait le danger de l'éviction. Ce cas présente la réunion de deux faits qui, pris isolément, ne peuvent effacer que la seule obligation aux dommages intérêts; joints ensemble, ils libèrent complétement le vendeur de toute espèce de recours. En effet, il y a lieu de penser, lorsque l'acheteur est informé du péril qui va fondre sur lui, que, s'il laisse insérer une clause de non-garantie, c'est qu'il entend prendre à sa charge tous les risques de l'avenir. On a soutenu, que la déclaration faite par le vendeur de la cause d'éviction équivalait à une stipulation de non-garantie, et comme après cette déclaration, l'acheteur ne pourrait alléguer qu'il a ignoré le danger, on a vu là la réunion des deux circonstances exigées par l'art. 1629, et on a affranchi le vendeur de l'obligation de rendre le prix à l'acheteur évincé. Ce système a été généralement repoussé par les auteurs et par la jurisprudence (1). Il est vrai que l'art. 1626 assimile la déclaration du péril faite par le vendeur à une clause de non-garantie. Mais ce n'est qu'en ce qui concerne l'obligation de prendre fait et cause et de payer des dommages-intérêts, parce qu'alors la raison ne permet pas de supposer que le vendeur a entendu garantir l'acheteur de tous troubles, qu'il ne lui dénonce qu'à fin de le mettre sur ses gardes. Mais la dispense de la restitution du prix est une chose trop grave, pour que le législateur n'exige pas qu'elle résulte clairement de la convention des parties.

Lorsqu'il a été inséré dans l'acte une clause de non-garantie, c'est au vendeur actionné par l'acheteur en remboursement du prix, qu'il incombe de prouver que l'autre partie a connu, lors de la vente, le danger qui allait arriver. La Cour de Douai a jugé, le 16 février 1846, qu'un acquéreur doit être réputé avoir eu connaissance des causes d'éviction qui affectent l'immeuble vendu sans garantie, lorsque les titres de propriété qui lui ont été remis mentionnent ces causes d'éviction, et que, d'ailleurs, le prix de l'acquisition paraît avoir été fixé à une valeur in-

(1) Cour de Paris, 16 juillet 1832.

férieure à la valeur réelle de l'immeuble, en prévision de cette éventualité d'éviction.

Le deuxième cas indiqué par l'art. 1629, est celui où à la clause de non-garantie s'en joint une autre accessoire, à savoir que la vente est faite aux risques et périls de l'acheteur. Dans ce cas, l'objet de la vente n'est pas précisément la chose elle-même, mais seulement les prétentions et les chances que le vendeur peut avoir sur cette chose. Le vendeur alors remplit complétement son obligation, par cela seul qu'il transmet les droits quelconques ou plutôt les prétentions plus ou moins fondées qu'il avait sur la chose ; et, dès lors, il ne peut être jamais question pour l'acheteur de réclamer ce qu'il a payé, parce qu'il n'obtient pas cette chose. Mais que décider si la vente porte seulement qu'elle est faite aux risques et périls de l'acheteur, sans contenir de clause de non garantie? Le vendeur a-t-il encore le droit de conserver le prix? L'art. 1629 semble répondre négativement, puisqu'il n'affranchit le vendeur de tout recours qu'autant que l'une de ces deux conditions, la connaissance par l'acheteur du danger de l'éviction, ou la clause portant qu'il achète à ses risques et périls, se joint à la clause expresse de non-garantie. Mais je ne crois pas qu'il faille interpréter de cette façon le texte de l'article. Je vois dans la clause que la vente est

faite aux risques et périls de l'acheteur, une convention fort énergique et qui renferme implici-
tement une stipulation de non-garantie. Dire : je
vous vends ma maison à vos risques et périls,
n'est-ce pas absolument la même chose que
dire : Je vous vends ma prétention à cette maison? N'est-il pas vrai que le prix a été d'autant
plus bas que l'acheteur courait plus de risques.

Tels sont les deux cas prévus par l'art. 1629 ;
nous y ajouterons celui où il a été dit dans l'acte
que la chose était vendue sans garantie, ni restitution de deniers. En présence d'une telle convention, l'acheteur n'aurait pas le droit de répéter son prix d'acquisition.

Maintenant que nous savons ce qu'il faut entendre par l'obligation de garantie, occupons-
nous des conditions qui sont nécessaires pour y
donner lieu. Il faut d'abord qu'il y ait éviction.

CHAPITRE SECOND.

DE L'ÉVICTION.

« L'éviction, dit Domat, c'est la perte que
souffre l'acheteur de la chose vendue ou d'une
partie, par le droit d'un tiers (1). » L'éviction

(1) L. 1, tit. II, sect. X, n. 1.

peut être totale ou partielle. Il y a même une troisième espèce d'éviction que Domat n'a pas comprise dans sa définition, et qui cependant découle
de l'éviction partielle ; je veux parler de l'éviction
des charges.

§ 1er *De l'éviction totale.*

L'éviction, dans un sens strict, c'est la dépossession de la chose prononcée par jugement. C'est
à ce sens étroit que l'on s'attachait à Rome quand
il s'agissait de la *stipulatio duplex*. Mais l'éviction n'a pas conservé chez nous le caractère rigoureux qu'elle avait dans l'action *ex stipulatu*
du droit romain. Nous lui avons maintenu l'ac-
ception plus large qu'elle recevait dans l'action
ex empto. Aussi, faut-il distinguer cinq cas d'é-
viction totale : 1° Il y a éviction lorsque l'acheteur
découvre que la chose n'appartient pas au vendeur. Il n'en était pas de même à Rome. Cela tient
à la différence que nous avons déjà signalée entre
la vente du droit romain et celle du droit français. Le vendeur romain ne s'obligeant qu'à
faire avoir à l'acheteur la possession paisible de
la chose vendue, il en résultait que l'acheteur,
tant qu'il n'était pas troublé dans sa possession,
n'avait aucune réclamation à intenter contre
son vendeur, lors même qu'il avait la preuve que

la chose vendue était à autrui. Qu'importe que ce soit la chose d'autrui ou la mienne, pouvait lui dire le vendeur : je vous ai promis une possession paisible et utile, personne ne vous trouble, de quoi vous plaignez-vous? L'acheteur était donc obligé d'attendre l'éviction pour agir contre son vendeur. Les rédacteurs de notre Code, au contraire, après avoir posé le principe que la propriété se transfère par le seul consentement, ont pensé qu'il fallait que la vente obligeât à rendre l'acheteur propriétaire immédiatement, et dès qu'elle serait réalisée. Ils ont voulu éviter l'inconvénient qu'ils trouvaient dans la position de l'acheteur romain, forcé de se contenter d'une possession qui pourrait, à chaque instant, lui être enlevée, et restant sans action contre son vendeur, même après avoir acquis la certitude que la chose appartenait à autrui, tant qu'il ne pouvait pas se dire évincé. Cette position leur semblait, avec raison, en contradiction avec le but de la vente qui devait être, selon eux, la transmission de la propriété. En conséquence, ils ont voulu que l'acheteur dès qu'il découvrirait que le vendeur n'était pas propriétaire, pût se considérer comme évincé pour attaquer immédiatement son vendeur en restitution du prix, et en paiement de dommages et intérêts.

Les deuxième et troisième cas d'éviction se

présentent lorsque l'acheteur succombe, soit comme défendeur, soit comme demandeur, en revendication de la chose vendue, et que par le jugement obtenu contre lui, il est condamné à délaisser la chose ou débouté de la revendication qu'il a intentée contre un tiers possesseur.

Le quatrième cas d'éviction se produit lorsque l'acquéreur est exproprié sur la poursuite des créanciers hypothécaires usant contre lui du droit de suite, que leur confère leur hypothèque. On sait, en effet, que l'objet et le but final du droit de suite, c'est non point le délaissement ou le paiement par le tiers détenteur, mais l'expropriation de ce dernier. Les art. 2167, 2168 et suivants décrivent, sous ses aspects divers, la situation du tiers détenteur qui, ne remplissant pas les formalités de la purge, subit les poursuites du créancier dont le gage hypothécaire est en tout, ou en partie, passé entre ses mains. Le tiers détenteur peut prendre dans cette situation trois partis. Il a la faculté, pour prévenir ou arrêter l'expropriation, de payer la totalité de la dette hypothécaire ; ou bien, s'il ne veut pas payer la dette, il peut délaisser l'immeuble hypothéqué. Enfin, lorsque le tiers détenteur n'use pas de la faculté qu'il a, soit de payer, soit de délaisser, il doit subir l'expropriation forcée. Mais quelque parti que pre   le tiers détenteur, il ne souffre pas moins un préjudice ; aussi l'article 2178 lui donne-t-il, dans les trois cas, le recours en garantie tel que de droit contre le débiteur principal, c'est-à-dire contre celui qui lui a vendu la chose hypothéquée.

Il y a encore éviction, bien qu'elle n'ait été prononcée par aucun jugement, lorsque l'acheteur devient héritier, légataire ou donataire d'une tierce personne qui était véritable propriétaire de la chose vendue. Il peut alors exercer son recours, quoiqu'il n'y ait pas eu de sentence rendue contre lui, et bien qu'il soit possesseur de la chose ; car il ne la possède plus en vertu de la vente qui lui a été faite, mais en vertu du nouveau titre qu'il a acquis.

Enfin on peut considérer comme évincé l'acheteur qui délaisse volontairement la chose en présence des prétentions évidentes de son adversaire. Pothier donne pour exemple le cas où la chose vendue provenait d'une donation qui se trouve révoquée pour survenance d'enfants (1). Hâtons-nous de dire que cette manière de procéder serait peu prudente de la part de l'acheteur. Il peut se tromper dans l'appréciation des moyens de son adversaire et perdre ainsi son recours en garantie. Qu'il mette en cause son vendeur dès

____

(1) Pothier, vente n° 95.

qu'il est attaqué et qu'il lui laisse le soin de décider s'il faut poursuivre ou abandonner le procès, tous ses droits seront sauvegardés.

§ 2. *De l'éviction partielle.*

D'après l'art. 1626 du Code Napoléon, l'éviction partielle peut se réaliser de deux manières :

1° Par la privation complète d'une partie de la chose;

2° Par la restriction qu'apportent au droit qui devait être transmis, soit l'existence de servitudes passives, hypothèques ou autres charges grevant le bien acquis, soit la non existence de servitudes actives que le vendeur avait dit exister.

1° Éviction d'une partie de la chose. — L'acheteur peut être évincé, soit d'une partie indivise, par exemple, du tiers, du quart de la chose vendue, soit d'une partie matériellement déterminée *certi loci*, par exemple, de tel champ compris dans le domaine qui a fait l'objet de la vente; au premier cas, on dit qu'il y a éviction *pro indiviso*, et au deuxième, éviction *pro diviso*.

2° Éviction résultant de charges réelles grevant le fonds. — Autrefois les droits de cette sorte étaient nombreux; on peut citer : la rente foncière, les redevances seigneuriales, les droits de champart et autres semblables. Aujourd'hui que tous ces droits ont disparu, je ne vois guère de charges donnant lieu à la garantie, comme grevant la chose vendue, que les servitudes et les hypothèques. Occupons-nous d'abord des servitudes réelles, passives et actives. Je vous vends une chose, il ne vous suffit pas d'être assuré que nul n'a le droit d'en revendiquer contre vous la propriété pour le tout ou partie; il faut encore que nul ne puisse à l'improviste prétendre une charge sur cette chose; il faut que vous soyez assuré qu'aucun droit ne viendra restreindre votre droit et en empêcher l'exercice. De même, si je vous ai dit qu'une servitude active était attachée à la propriété de la chose que je vous vendais, il faut qu'elle ne vous soit pas enlevée. En un mot, le droit que vous avez acquis doit vous être maintenu intact dans toute son étendue. L'art. 1638 ne comprend pas le cas où le vendeur aurait garanti l'existence de servitudes actives, mais il est évident qu'il serait tenu d'indemniser l'acheteur si l'exercice de la servitude venait à lui être enlevé. L'acheteur a naturellement droit aux servitudes actives qui existent réellement au profit du fonds vendu; et le vendeur est tenu de lui fournir les titres et les renseignements néces- saires pour lui en assurer et faciliter l'exercice. Aussi, les lois romaines décidaient-elles que si le vendeur n'ayant pas averti l'acheteur de l'exis-

tence d'une servitude, celui-ci l'avait laissée
s'éteindre par le non-usage, faute de la connaître,
le vendeur pouvait être poursuivi en indemnité,
à la condition, toutefois, qu'il eût dissimulé
sciemment l'existence de la servitude.

Des servitudes personnelles.

L'acheteur aurait également droit à la garantie, en vertu de l'article 1620, s'il venait à
découvrir que le fonds qui lui a été transmis est
grevé d'un droit d'usufruit ou d'usage. *Quid* des
charges personnelles autres que les servitudes ?
Nous distinguerons à cet égard les charges qui
pèsent sur le bien vendu, en vertu du droit commun des biens, et celles qui, au contraire, ne
sont établies qu'en vertu de dispositions particulières.

Dans la première classe sont les contributions
publiques ordinaires ; le vendeur n'en est pas
tenu. Dans la deuxième classe nous rangerons
les réparations, auxquelles le propriétaire d'une
usine, par exemple, aurait été condamné par
l'autorité administrative. Si le vendeur n'en a
pas fait la déclaration à l'acheteur, celui-ci pourra
le poursuivre en garantie.

Revenons aux servitudes réelles passives. Le
vendeur n'est tenu que des servitudes non appa-

rentes et qu'il n'a pas déclarées lors du contrat. Sans doute, l'art. 1638 ne dit pas expressément que la garantie n'est pas due lorsque la servitude est apparente, mais il le dit tacitement. On peut l'induire des termes dont il se sert, par un argument à *contrario* dont l'évidence ne saurait être contestée. Tout le monde adopte cette idée, car la loi n'a pas à protéger la mauvaise foi ou l'imprudence grossière de l'acheteur. Mais le vendeur serait garant des servitudes apparentes, s'il en avait promis formellement garantie.

Quant aux servitudes occultes, le vendeur en est garant, d'après l'art. 1638, lorsqu'il ne les a pas déclarées : peu importe, d'ailleurs, qu'il les ait connues lui-même ou qu'il les ait ignorées. Dans ce dernier cas, en effet, l'acheteur n'est pas moins fondé à lui dire : Vous m'avez vendu la propriété pleine et vous ne me livrez qu'une propriété démembrée ; vous ne remplissez donc pas l'obligation que vous avez prise envers moi. C'est pourquoi nous ne saurions admettre le sentiment de MM. Delvincourt et Duranton, qui pensent que le vendeur n'est garant des servitudes occultes qu'autant qu'il les connaissait lui-même.

— Mais la responsabilité du vendeur cesse quand la servitude a été déclarée par lui. L'acheteur a su ce qu'il achetait ; il n'a pas à se plaindre d'un préjudice auquel il s'est volontairement exposé. Par la même raison, le vendeur n'est pas tenu des prétendues servitudes légales ou dérivant de la nature des lieux : ce sont des restrictions naturelles du droit de propriété que l'acheteur ne peut ignorer.

Nous arrivons aux hypothèques. Il est incontestable que l'existence d'hypothèques sur le fonds vendu constitue une éviction. Il n'y a pas, du reste, à rechercher par qui elles ont été constituées, si c'est par le vendeur ou par les précédents propriétaires. On peut dire que l'éviction résulte bien plus de l'existence des hypothèques sur l'immeuble vendu que de l'existence des servitudes, car il y a là une véritable dépossession. L'acheteur, par l'effet des hypothèques, se trouve dépouillé ; il perd tout ou partie de la chose qui lui a été vendue. Au contraire, l'existence d'une servitude lui laisse la chose entière ; elle ne lui en enlève aucune partie ; seulement, elle diminue sa jouissance, la gêne, et la rend moins utile. Quoi qu'il en soit, l'art. 1626 met sur la même ligne les servitudes et les hypothèques, puisqu'il se sert du mot *charge*, sans faire aucune distinction.

§ 3. *Antériorité de la cause d'éviction.*

Nous venons de voir que la première condition

requise pour donner naissance à la garantie, c'est qu'il y ait une éviction.

Comme seconde condition, il faut que l'éviction procède d'une cause antérieure à la vente. « Le vendeur, dit Pothier, est tenu des évictions dont il y avait une cause ou du moins un germe existant dès le temps du contrat de vente, soit qu'elles procèdent, soit qu'elles ne procèdent pas du fait du vendeur (1). » Le vendeur n'est et ne peut être responsable que des évictions émanant d'un vice quelconque de la possession qu'il a transmise à l'acquéreur et dont la cause, par conséquent, est antérieure à la vente. On a coutume de donner à ce vice, le nom de *causa antiqua*. Nous trouvons le même principe écrit dans l'art. 884, C. Nap. « Les cohéritiers demeurent respectivement garants les uns envers les autres des troubles et évictions seulement qui procèdent d'une cause antérieure au partage. » Il est facile de donner des exemples d'une *causa antiqua*. Une personne vend un fonds appartenant à autrui ou déjà hypothéqué. Le droit du vrai propriétaire, celui du créancier hypothécaire sont nés avant celui de l'acheteur. Le vendeur en est responsable. De même, on vend un fonds grevé de substitution avant la naissance de l'appelé, ou un

____

(1) Vente n° 86.

fonds donné avant la survenance d'un enfant qui révoquera de plein droit la donation. Le germe du droit en vertu duquel on prononce l'éviction, existait avant la vente ; le vendeur doit être poursuivi en garantie par l'acheteur.

Toutes les autres évictions, provenant d'un droit postérieur au contrat, restent à la charge de l'acheteur, comme tous les risques de la chose vendue (art. 1138). Cette règle reçoit cependant une exception pour les évictions résultant du fait du vendeur. Mais, dit-on, comment peut-il arriver que l'acheteur soit évincé par suite d'un fait personnel au vendeur, et postérieur à la vente? Car de deux choses, l'une : ou le vendeur n'était pas propriétaire, et alors l'éviction dérive d'une cause antérieure à la vente ; ou le vendeur était propriétaire, et alors comment l'acheteur peut-il être évincé, puisque la vente lui a transféré la propriété? Voici dans quelles circonstances notre exception se réalisera : Je vends et livre à un deuxième acheteur qui est de bonne foi le meuble que je vous ai vendu ; vous ne pouvez pas revendiquer contre le deuxième acheteur le meuble dont il s'agit, car il vous opposerait victorieusement la maxime : *En fait de meubles possession vaut titre*. Le premier acheteur est donc évincé du droit de propriété que lui avait transféré la vente, et en même temps dépouillé par une cause postérieure au contrat, mais procédant d'un fait du vendeur. En matière d'immeubles, voici ce qu'il faut supposer : Je vous ai vendu ma maison par acte sous seing privé que vous avez négligé de faire enregistrer; puis, je la vends à une autre personne par acte authentique, vous ne pouvez pas intenter de revendication contre cette seconde personne, puisque votre acte n'ayant pas date certaine antérieure au sien, ne peut lui être valablement opposé. Mais comme c'est à l'égard des tiers seulement que la date certaine est requise (1328), l'acheteur peut se retourner contre son vendeur, et lui demander garantie à raison d'une éviction dont il est l'auteur. La loi du 23 mars 1855 nous fournit une autre espèce : Si l'acheteur est évincé par un deuxième acheteur qui aurait transcrit avant lui, ou encore, s'il est évincé par un créancier qui aurait fait inscrire avant la transcription de l'acte de vente une hypothèque constituée postérieurement à la vente.

Notre règle souffre encore exception, mais en sens inverse; le vendeur n'est pas garant des évictions, bien qu'elles procèdent d'une *causa antiqua*, lorsqu'elles sont imputables à l'acheteur (1). Exemple : Propriétaire d'un immeuble, Paul l'avait hypothéqué pour la dette de Primus, puis

(1) Pothier, vente n° 87.

il l'avait donné à Secundus de qui Tertius l'a acheté. Tertius revend l'immeuble à son premier propriétaire, Paul, qui se trouve plus tard évincé par le créancier de Primus. Paul n'aura aucun recours à exercer contre son vendeur Tertius, car l'éviction dont il souffre, bien qu'antérieure au contrat, résulte de son propre fait.

De même, le vendeur est affranchi de la garantie, lorsque la cause de l'éviction, quoiqu'antérieure à la vente, provient d'un droit qui a sa source dans la loi elle-même. Si l'acheteur, par exemple, est évincé par un cohéritier du vendeur, en vertu du droit de retrait successoral, il ne peut prétendre à aucun recours en garantie; il savait, au surplus, qu'il était exposé à ce genre d'éviction, car il est censé ne pas ignorer la loi.

En dehors de l'exception que nous venons d'étudier, tirée des faits du vendeur, toutes les évictions procédant d'un cas fortuit ou d'une force majeure sont des risques qui retombent sur l'acheteur. Ce qui arrivera, s'il vient à être dépossédé violemment ou sans droit par un tiers qui s'emparera de la chose, ou par le fait du prince, comme au cas d'expropriation pour cause d'utilité publique.

Dans la législation romaine, l'éviction prononcée contre le droit était regardée comme un cas fortuit. Une telle éviction, en effet, ne découle pas d'une cause antérieure à la vente, mais de l'injustice du juge. Pothier (1), à cet égard, distingue, suivant que l'acheteur a appelé ou non son vendeur au procès. Il n'y a lieu à cette question, dit-il, que lorsque l'acheteur, sur la demande formée contre lui, a omis d'appeler son vendeur en garantie ; car, s'il l'avait appelé, le vendeur aurait été obligé de prendre son fait et cause, et la sentence aurait été rendue contre le vendeur et non contre l'acheteur. Aujourd'hui, tous les auteurs s'accordent à reconnaître que, si l'acheteur avait appelé son vendeur en cause, ce dernier seul subirait les conséquences de l'injustice du juge. Mais on se divise, lorsque l'acheteur n'a pas mis en cause son vendeur. Les uns enseignent, conformément au droit romain et à l'opinion de Pothier, que dans ce cas l'injustice du juge doit retomber sur l'acheteur ; selon d'autres, le vendeur peut se faire tenir quitte de la garantie, en démontrant que les juges se sont trompés. Enfin, dans un troisième système auquel je me range, on pense que le vendeur ne pourra se soustraire à l'obligation de garantie, qu'en prouvant qu'il y avait des moyens suffisants de faire rejeter la demande (art. 1640), et qu'à défaut de cette preuve, il ne servirait à rien d'établir que les juges se

(1) Vente n° 94.

sont trompés. Il n'y a pas, je crois, injustice à faire supporter au vendeur une condamnation qu'il aurait subie lui-même s'il eût été en cause.

Nous avons déjà dit que le vendeur était tenu des évictions dont la cause remontait à une époque antérieure à la vente. Dès lors il serait à peine besoin d'ajouter que le vendeur est garant de l'éviction produite par la surenchère du dixième, légalement exercée par un créancier inscrit en vertu de l'art. 2185, si deux arrêts, l'un de la Cour de Paris, du 25 prairial an XII, l'autre de la Cour de Metz, du 31 mars 1821, n'avaient jugé le contraire. Dans la doctrine de ces arrêts, l'acheteur auquel la loi accorde formellement la garantie de droit dans l'art. 2178, pour le cas de délaissement ou d'expropriation sur les poursuites des créanciers inscrits, serait sans recours, si ce n'est quant au prix, dans le cas où il serait dépouillé par la surenchère, qui n'est cependant qu'un autre effet de l'action hypothécaire. Et le motif qui en est donné, c'est que la surenchère est une éviction légale, une voie de droit dont le vendeur n'est pas garant. Cette doctrine est généralement repoussée. N'y a-t-il pas là, en effet, une éviction dont la cause est antérieure à la vente, puisqu'elle provient du droit hypothécaire qui affectait la chose lorsqu'elle a été vendue.

Nous donnerons une solution différente de la

précédente au cas de la surenchère du sixième, qui peut être formée par toute personne dans la huitaine, à la suite d'une adjudication sur expropriation forcée, ou sur vente volontairement faite en justice, comme cela a lieu pour les immeubles appartenant à des mineurs, par exemple (art. 965-973 Cod. proc. civ.). Dans ces hypothèses, l'adjudicataire ne devenant propriétaire des biens que sous la condition suspensive que le droit de surenchère conféré par la loi à toute personne, ne sera pas exercé, il est juste de dire que la surenchère est une éviction légale ayant sa cause dans la loi et non plus dans un droit préexistant. Dèslors le vendeur n'en saurait être garant.

Mais que faut-il dire de l'éviction résultant d'une prescription qui ayant commencé avant la vente, ne s'est accomplie que depuis ? La Cour de Bordeaux, prenant à la lettre l'expression de *germe* dont Pothier s'est servi, a déclaré le 4 février 1831, que la garantie était due ici. La C. de Bourges le 4 fév. 1823 avait jugé le contraire, en se fondant sur ce que le droit engendré par une prescription n'existe que du jour où cette prescription est entièrement accomplie, en sorte que l'éviction dans notre hypothèse procède évidemment d'un droit postérieur à la vente. Pour ma part, je crois qu'il y a là une question dont la solution variera suivant les circonstances. Si la prescription n'étant pas accomplie lors de la vente, l'acheteur n'a pas eu le temps de l'interrompre, et que par conséquent il n'y ait aucune faute à lui reprocher, je lui accorderai l'action en garantie. Dans le cas contraire, c'est-à-dire s'il avait eu tout le temps d'interrompre la prescription, l'éviction devait être à sa charge.

§ 4. *De la bonne foi*

Pour qu'il y ait lieu à garantie, il faut troisièmement que l'acheteur ait été de bonne foi au moment de la vente. Ici encore nous rencontrons une différence importante entre l'action en nullité, et l'action en garantie. Aux termes de l'art. 1539, la vente de la chose d'autrui ne donne lieu à des dommages-intérêts en faveur de l'acheteur qu'autant que celui-ci a été de bonne foi. On conçoit, en effet, qu'il ne peut avoir le droit de se faire indemniser d'un préjudice qu'il a parfaitement connu. Quand, au contraire, il s'agit de l'action en nullité, peu importe que l'acheteur ait su ou non que la chose appartenait à autrui. L'art. 1599 ne distingue pas à cet égard, et avec raison, car sa mauvaise foi ne peut pas donner une cause à son obligation ni au paiement qui en manquait. Le vendeur ayant sans cause entre les mains, le prix payé par l'acheteur, doit le lui rembourser dans tous les cas.

En ce qui touche l'action en garantie, l'acheteur doit donc avoir été de bonne foi quand il a acheté. Mais il faut reconnaître au vendeur le droit de prouver par tous les moyens possibles que l'acheteur était de mauvaise foi. Appliquant cette règle à toute espèce d'évictions, même à celles qui résultent de charges réelles, grevant le fonds, nous dirons : de quelque façon que l'acheteur ait eu connaissance à l'époque du contrat, des servitudes ou autres charges, que ce soit par la déclaration du vendeur, ou par toute autre circonstance, le vendeur qui sera en état de prouver la mauvaise foi de l'acheteur, sera à l'abri de toute poursuite en garantie. On pourrait cependant nous opposer l'art. 1638, qui semble exiger comme condition *sine qua non* de la non garantie, que le vendeur ait déclaré à l'acheteur les servitudes auxquelles le fonds était assujetti. Je ne pense pas cependant qu'il faille interpréter de cette façon l'art. 1638 ; tout ce que le législateur a voulu, c'est que l'acheteur ne fût pas exposé à subir un préjudice malgré lui. Dès qu'il a contracté en parfaite connaissance de cause, il n'a plus droit à aucune protection.

L'art. 2 de la loi du 23 mars 1855 a donné lieu à une question du même genre. Aux termes de cet article, l'acquéreur d'une servitude, doit transcrire. Si donc une personne achète une servitude et *la transcrive*, que Secundus plus tard achète le domaine grevé, et que Primus son vendeur ne lui déclare pas la servitude qui existe sur le fonds. Si, dans ces circonstances, l'acquéreur de la servitude vient à l'exercer, Secundus se trouvera évincé d'une portion de son droit. Pourra-t-il se retourner contre son vendeur, ou sera-t-il repoussé par ce dernier, qui, argumentant de la loi de 1855 lui opposera qu'il a dû savoir par la transcription de l'acte constitutif de la servitude que le fonds vendu n'était pas complètement libre? Malgré l'extension que nous avons donnée tout à l'heure à l'art. 1638, nous n'adoptons pas ce raisonnement du vendeur, parce qu'il nous paraît impossible d'admettre d'une manière certaine que l'acheteur a connu la servitude par cela seul qu'elle a été transcrite avant la vente. Il se peut, en effet, que l'acheteur ait été de bonne foi, malgré la transcription. Supposons, par exemple, que la servitude ayant été constituée par un des précédents propriétaires, et que l'acheteur ayant demandé au conservateur des hypothèques si le registre portait l'inscription de servitudes établies sur le fonds par le propriétaire actuel, il lui été répondu négativement; dans ce cas, la bonne foi de l'acheteur est évidente; pourquoi alors le priver de son recours en garantie? Mais, je le répète, cette décision ne contrarie pas notre décision précédente; et du moment qu'il est constant que l'acheteur a su que des servitudes grevaient le fonds, le vendeur, en mesure de faire cette preuve, mettra sa responsabilité à couvert.

La même question se présente pour les hypothèques. Mais ici nous rencontrons de grandes divergences parmi les auteurs. M. Troplong (1) établit une distinction entre les hypothèques consenties par le vendeur lui-même pour la garantie de ses dettes personnelles, et celles qui procèdent du chef des possesseurs antérieurs. Si elles émanent du vendeur, la connaissance que l'acheteur a pu en avoir ne le prive pas de la garantie, parce qu'il a dû penser que le vendeur paierait ses dettes; mais si elles ont été établies par des précédents propriétaires, l'acheteur a dû croire que le fonds lui était vendu avec ses charges connues. Ainsi dans le premier cas, le vendeur est affranchi de la garantie, s'il a lui-même déclaré les hypothèques à l'acheteur, mais il ne peut pas s'y soustraire en prouvant que l'acheteur les a connues par une autre voie; la déclaration du vendeur ne peut donc pas être suppléée par des présomptions. Mais dans les deux cas, la seule connaissance qu'a eue l'acheteur des

(1) Vente n° 418.

hypothèques libère le vendeur ; une déclaration expresse n'est pas nécessaire.

MM. Duvergier (1) et Zachariæ estiment que la déclaration du vendeur est toujours indispensable. M. Duranton (2) va plus loin encore ; d'après lui, la déclaration nécessaire pour les hypothèques des précédents propriétaires ne serait pas même suffisante pour celles établies par le vendeur ; dans ce cas, le vendeur serait tenu de la garantie, alors même qu'il aurait déclaré les hypothèques à l'acheteur.

Aucune de ces opinions ne nous satisfait, par la raison que la loi ne distingue pas entre les hypothèques provenant du vendeur et celles des précédents propriétaires, et que, de plus, l'article 1629 met sur la même ligne les hypothèques et les servitudes. Il faut donc donner pour celles-là la solution que l'on donne pour celles-ci, c'est-à-dire qu'il faut admettre que la déclaration du vendeur n'est jamais indispensable. Ce qui est nécessaire, c'est seulement la connaissance que l'acheteur a eue de toutes les charges lors de la vente. C'est, du reste, l'opinion de Pothier, de Merlin, et de la jurisprudence.

Ceci nous amène à étudier une question sou-

(1) Tome 1, n° 319, vente.
(2) Tome 16, n° 202.

levée par l'art. 1560. Toutes les fois que l'immeuble dotal a été aliéné, en dehors des exceptions indiquées par la loi, et en violation de l'article 1554, l'aliénation est annulable sur la demande de la femme ou de ses représentants, de quelque manière qu'elle ait été faite, pourvu que la femme agisse après la dissolution du mariage, ou bien après la séparation de biens. Nous n'avons pas à insister sur cette première partie de l'art. 1560; la fin seule doit nous arrêter. Nous y lisons que « le mari lui-même pourra faire révoquer l'aliénation pendant le mariage, en demeurant néanmoins sujet aux dommages et intérêts de l'acheteur, s'il n'a pas déclaré dans le contrat que le bien vendu était dotal. » Si l'acquéreur de l'immeuble dotal indûment aliéné ne peut jamais se soustraire à la révocation intentée contre lui, il n'est toutefois pas sans recours ni garantie, et en subissant d'une part l'éviction, il a le droit, d'autre part, à son prix d'acquisition et à des dommages-intérêts. Mais on se demande si le mari vendeur peut se soustraire à l'obligation de payer à l'acheteur des dommages-intérêts en prouvant que, malgré l'absence de déclaration de dotalité dans le contrat, l'acheteur a connu d'une autre manière cette dotalité. Donnerons-nous pour cette hypothèse la solution que nous avons donnée précédemment lorsqu'il s'est agi des servitudes et des hypothèques ? Un jurisconsulte éminent a soutenu l'affirmative. Mais cette opinion me paraît formellement condamnée et par la lettre de l'art. 1560, qui rend le mari passible de dommages-intérêts s'il n'a pas déclaré la dotalité dans l'acte même. Et puis les travaux préparatoires condamnent encore cette opinion. Car la première rédaction de notre article portait que le mari serait sujet aux dommages-intérêts, si l'acheteur avait ignoré le vice de l'achat. Mais le Tribunat demanda de substituer à cette condition cette autre : Si le mari n'a pas déclaré dans le contrat que le bien était dotal, on voulait par là détourner du dessein de vendre le bien dotal (1). Ainsi le seul cas d'exemption de dommages-intérêts est celui où le mari a eu soin de déclarer la dotalité ; il ne lui sert donc à rien de prouver que l'acheteur a eu connaissance de la nature du bien vendu.

Aux conditions que nous venons d'étudier, essentielles pour donner naissance à l'action en garantie, faut-il ajouter que l'éviction doit être consommée? En droit romain, il est vrai, la sentence condamnant l'acheteur devait être suivie d'effet, pour que l'action de garantie fût ouverte. Mais aujourd'hui cette règle ne peut plus s'ap-

(1) Fenet t. 13, p. 591, 609.

pliquer dans le cas de vente de la chose d'autrui, car l'acheteur que la vente n'a pas rendu propriétaire, et qui ne l'est pas devenu depuis, a toujours le droit d'agir contre son vendeur, même quand il n'est pas troublé.

CHAPITRE III.

DES EFFETS DE L'OBLIGATION DE GARANTIE.

L'obligation de garantie donne naissance à deux effets principaux : l'action en garantie et l'exception de garantie. L'acheteur emploiera la première quand il sera inquiété dans sa possession, ou qu'il aura été évincé par un tiers. Au contraire, si c'est le vendeur lui-même qui vient à élever des prétentions sur la chose vendue, dont il se prétend propriétaire, l'acheteur, au lieu d'agir par l'action, repoussera son garant par l'exception.

PREMIÈRE PARTIE.

DE L'ACTION EN GARANTIE.

§ I. *Comment s'exerce l'action en garantie.*

En droit romain l'acheteur attaqué se bornait à denoncer la demande du tiers au vendeur ; celui-ci alors était mis à même de lui indiquer les moyens de défense et, d'assister au débat, si bon lui semblait ; mais il ne pouvait pas être actionné en garantie tant que l'action n'avait pas été prononcée par le juge. C'était alors seulement qu'une deuxième instance s'organisait entre l'acheteur et le vendeur.

Dans notre ancienne pratique française, on avait simplifié cette procédure en adoptant celle qui nous régit encore. On permettait à l'acheteur d'appeler son vendeur dans l'acte même par lequel il lui dénonçait le trouble, devant le juge saisi de la demande en éviction et de faire prononcer contre lui les condamnations de droit, par la sentence même rendue sur la demande originaire (1).

Aujourd'hui les règles concernant la forme de l'action en garantie sont contenues dans les art. 175 et suiv. du Code de proc. civ. L'acheteur, assigné par un tiers qui se prétend propriétaire, ou par un créancier hypothécaire, a deux partis à prendre en vue de son recours contre son vendeur, qu'il importe de bien distinguer. Il peut, ou plaider seul dans le procès que le tiers dirige contre lui, sauf, s'il succombe, à intenter plus tard contre son garant une action principale

(1) Pothier, vente, n° 107.

en dommages-intérêts. C'est ce qu'on appelle la demande en garantie principale. Ou bien, au lieu d'attendre pour attaquer son vendeur, que la revendication du tiers ait été jugée et jugée à son profit, il peut agir immédiatement contre son garant à l'effet de le contraindre à venir dans l'instance entamée par le revendiquant pour y prendre sa défense, ou l'indemniser si le demandeur triomphe. En cas de défaite de l'acheteur, le tribunal statuera en même temps, et sur l'action principale dirigée contre l'acheteur, et sur la demande en garantie formée par celui-ci contre son auteur. Telle est la demande en garantie incidente. Ce deuxième parti est plus avantageux que le premier. Car, outre que l'acheteur évite ainsi les frais et les lenteurs de deux procès, il est de plus toujours assuré de son recours contre son garant. Au contraire, en employant la voie de la garantie principale, il s'expose à une contrariété de jugements qui retombera sur lui. Car il se peut très-bien que lorsque l'acheteur, vaincu par le revendiquant viendra exercer une action récursoire contre le vendeur, celui-ci se fasse absoudre en prouvant que l'acheteur s'est mal défendu, et qu'il existait des moyens suffisants pour repousser la demande du tiers. En un mot, les frais du procès et les erreurs du juge sont à la charge du vendeur lorsqu'il a été appelé en cause par la garantie incidente, tandis qu'ils incombent à l'acheteur, lorsque celui-ci a préféré plaider seul pour exercer ensuite contre le vendeur l'action en garantie principale.

Une autre différence entre ces deux partis que l'acheteur tient à sa disposition, résulte du § 8 de l'art. 59, C. pr. civ., ainsi conçu : En matière de garantie, le défendeur sera assigné devant le juge où la demande originaire sera pendante. » Cette règle est reproduite par l'art. 181 du même Code. Ainsi, lorsque l'acheteur poursuivi en revendication exerce contre son vendeur l'action en garantie par demande incidente, il a le droit de le contraindre à venir figurer devant le tribunal saisi de la demande originaire. C'est une exception aux principes, car l'action en garantie, qui dérive du contrat de vente, étant, par conséquent, une action personnelle, devrait être portée devant le tribunal du domicile du vendeur. Mais en permettant à l'acheteur de traduire le vendeur devant le tribunal de la situation de l'immeuble où la demande originaire est pendante, le législateur a voulu économiser du temps et des frais, et surtout éviter la contrariété de deux jugements sur la même question. Quand, au contraire, l'acheteur agit par action en garantie principale, ces motifs ne s'appliquent plus ;

dès lors la règle *actor sequitur forum rei*, doit reprendre son empire puisqu'aux termes du 1° de l'art. 59 déjà cité, « en matière personnelle, le défendeur sera assigné devant le tribunal de son domicile. »

D'après l'art. 175, C. proc., l'appel en garantie doit être formé dans la huitaine du jour de la demande originaire. Mais ce délai fixé pour ne pas arrêter trop longtemps la poursuite du demandeur en éviction, n'est pas écrit en faveur du vendeur; de sorte, qu'il ne pourrait pas prétendre que l'acheteur, après la huitaine, n'a plus le droit de l'appeler en cause; seulement, quand il est appelé tardivement et dans le cours de l'instance, il n'est tenu que des frais faits depuis cette époque. Mais l'acheteur ne pourrait pas demander pour la première fois en appel la mise en cause du vendeur, parce que ce serait lui enlever le bénéfice des deux degrés de juridictions. C'est un principe généralement reconnu. La jurisprudence cependant décide qu'on y doit déroger ; que la demande en garantie peut se produire *de plano* devant la Cour, si la cause a pris naissance en appel et si elle est dirigée contre l'une des parties au procès (1).

Le garant appelé au débat peut, s'il reconnaît

(1) Rejet 24 janvier 1828; 9 déc. 1829; 7 nov. 1840.

que les prétentions de l'adversaire sont fondées, non-seulement refuser de prendre ou de continuer la défense de l'acheteur, mais s'affranchir des conséquences ultérieures du procès en offrant à l'acheteur la restitution du prix, les dommages-intérêts, et les frais faits jusque-là. Dans ce cas, l'acheteur est libre de soutenir le débat, mais à ses risques et périls et sans pouvoir rien répéter au delà des offres qui lui ont été faites.

Le garant, appelé par l'acheteur, peut prendre le fait et cause de celui-ci. Pour le demandeur, peu importe qui défend à une action dont l'objet est la propriété d'un immeuble. Mais cette substitution du garant en garantie est facultative de la part du premier. Il peut intervenir simplement : alors le jugement qui condamnera l'acheteur à délaisser, le condamnera lui-même à payer les dommages-intérêts dont il sera redevable. Si, au contraire, il prend le fait et cause de l'acheteur, celui-ci peut, ou rester au procès, ou se faire mettre hors de cause à sa volonté, ce qui ne l'empêchera pas d'assister au débat, si bon lui semble, pour la conservation de ses droits. Cette position lui offre un double avantage : d'abord, étant toujours représenté par un avoué, il peut rentrer dans la cause par une simple déclaration, sans qu'il lui soit nécessaire de faire admettre une requête d'intervention ; en second lieu, il peut, jusqu'au dernier moment de l'instance, réclamer des dommages-intérêts de son garant. Le demandeur qui a des droits à conserver contre le défendeur primitif, a, de même, la faculté d'exiger que l'acheteur reste en cause; ce qui arrivera, par exemple, si le revendiquant réclame de l'acheteur des fruits perçus ou des dégradations faites de mauvaise foi.

Lorsque les demandes originaires et en garantie sont simultanément en état, le même jugement les décide; sinon, elles seront disjointes, et le tribunal fera droit à la demande originaire, sauf à lui de prononcer, plus tard, sur la demande en garantie.

Quoique le vendeur ait pris la défense de l'acheteur mis hors de cause, l'affaire n'en est pas moins celle de ce dernier. Aussi le jugement lui profite ou lui nuit, comme s'il avait été rendu pour ou contre lui même, et il suffit pour l'obliger à l'exécuter, de lui en faire une simple signification (art. 185 C. proc. civ.).

Quant aux dépens et dommages-intérêts, ils ne peuvent être poursuivis que contre le garant défendeur, car la condamnation aux dépens est la peine de la mauvaise contestation qu'il a soutenue en prenant la défense de l'acheteur (1).

(1) Pothier. Vente, n° 114.

Cependant, si le garanti était resté en cause, il serait tenu des dépens en cas d'insolvabilité du garant; il en est même tenu directement s'il est resté défendeur, sauf son recours. A l'inverse, si nous supposons que le vendeur ait gagné le procès contre le revendiquant, celui-ci devra payer les frais et dépens; mais s'il est insolvable, devons-nous les laisser à la charge du vendeur ou à la charge de l'acheteur? Je n'hésite pas à me prononcer contre ce dernier, parce que la cause défendue par le vendeur a été véritablement celle de l'acheteur; le vendeur a agi comme simple mandataire. Dès lors, il est naturel de regarder la mauvaise contestation soulevée par l'adversaire vaincu comme un cas fortuit, dont lui seul doit souffrir; car dès que le vendeur a fait rejeter sa revendication, il est quitte de toute responsabilité; il n'a plus à répondre, ni des frais du revendiquant, ni de la condamnation qu'il a obtenue contre ce tiers débouté.

§ 2. *Des effets de l'action en garantie. Des divers chefs qu'elle comprend.*

Notre législation, s'écartant à cet égard du droit romain, reconnaît un double objet dans l'action en garantie. En cela, il a suivi la doctrine créée par Dumoulin et adoptée ensuite par Pothier, d'après laquelle on distingue deux chefs dans l'action en garantie. Le premier chef, que Dumoulin appelle *caput perpetuum*, est fixe et invariable ; il comprend le prix dont la restitution est toujours due, quelle que soit la dépréciation subie par la chose au temps de l'éviction. Le deuxième chef, qu'il appelle *caput casuale*, comprend les dommages-intérêts ; il varie dans son montant suivant le préjudice causé, et il disparaît même si la répétition du prix a complétement indemnisé l'acheteur du dommage qu'il a souffert. Cette division était inconnue au droit romain qui bornait l'action *ex empto* à un objet unique, la réparation du préjudice causé par l'éviction. On ne considérait pas si la valeur de la chose au moment où elle était enlevée à l'acheteur était inférieure ou supérieure au prix de vente ; on considérait la chose en elle-même, et l'on attribuait à l'acquéreur évincé une indemnité égale à la valeur qu'elle avait à cette époque ; de cette façon, la condamnation pouvait quelquefois descendre au dessous du prix lui-même. C'est précisément là le point de différence avec notre Code, qui n'admet pas que le recours de l'acheteur évincé puisse jamais être inférieur au prix. Dumoulin et Pothier (1) avaient

----

(1) Dumoulin. — *Tractatus de eo quod interest*, n°s 68, 69, — Pothier. Vente, n° 69.

puisé cette doctrine dans le droit romain; mais je crois avoir démontré dans la première partie de ma thèse, que leur idée à cet égard était inexacte, et qu'il est impossible de trouver cette théorie dans les textes du Digeste ou du Code à moins de les altérer d'une façon très arbitraire. Mais voyons en dehors des lois romaines quels principes nos deux grands jurisconsultes donnaient pour base à leur système. Indépendamment des raisons d'équité qu'invoque Dumoulin, Pothier fonde le droit de l'acheteur à la répétition intégrale du prix, malgré la dépréciation de la chose, sur la résolution de la vente qu'il fait résulter de l'éviction, en vertu de ce principe que les contrats synallagmatiques sont soumis à une condition résolutoire tacite, pour le cas où l'une des parties manquerait à ses engagements. Cette condition se trouve réalisée, suivant lui, par l'éviction; car le vendeur manque à son obligation de maintenir à l'acheteur la possession irrévocable de la chose vendue. La vente étant résolue, le prix ne doit plus rester entre les mains du vendeur pour aucune partie, car il y resterait sans cause; il peut donc toujours être répété *condictione causæ.*

Ces considérations sont peu en harmonie avec les principes suivis autrefois. En effet, puisque l'on admettait alors la validité de la vente de la

chose d'autrui, il était faux de dire que le prix
devait toujours être répété comme ayant été payé
sans cause. La vente était valable, l'acheteur et
le vendeur avaient pu contracter vis-à-vis l'un de
l'autre des obligations sérieuses. L'acheteur a payé
son prix, parce qu'il s'est engagé ; et son engagement avait sa cause dans les engagements que le
vendeur avait pris de son côté. Dès lors, on ne
comprend pas comment l'acheteur pouvait prétendre que son engagement étant nul, le prix de
vente devait lui être restitué comme ayant été déboursé sans cause. D'ailleurs, s'il était vrai que
l'acheteur ne fût plus obligé parce que de son
côté le vendeur cessait de l'être, pourquoi alors
ce dernier était-il forcé de payer au garanti des
dommages-intérêts ? Ainsi, Pothier et Dumoulin
décidaient, d'une part, que l'acheteur était dégagé de tous les liens du contrat, et, de l'autre,
que le vendeur restait toujours tenu de ses obligations, ce qui le forçait à payer une indemnité
pour l'éviction. Quelle étrange contradiction !

Domat (1) ne s'était pas rangé à cette théorie ;
il était resté fidèle aux anciens principes Caillet,
professeur de Poitiers, n'avait pas non plus abandonné la tradition du droit romain ; il objectait,
avec raison, que la théorie de Dumoulin était

______

(1) Lois civiles. — Vente, section X, n° 14.

tout à fait contraire au principe d'après lequel la chose vendue est aux risques de l'acheteur, et qui exige, par conséquent, qu'on lui laisse supporter les diminutions de valeur, de même qu'on le fait profiter de la plus value. En agissant autrement, ajoutait Caillet, on lui ouvre un recours supérieur à la perte qu'il souffre, et on arrive à cette conséquence bizarre qu'on le fait profiter de l'éviction, qui devient ainsi une circonstance heureuse pour lui.

Quoi qu'il en soit, la doctrine de Dumoulin et de Pothier a passé dans les articles de notre Code, comme nous l'atteste l'article 1630. Mais, il faut le dire, elle se justifie mieux dans les principes actuels que dans les principes anciens. Quand l'éviction procède de la revendication du propriétaire, le Code, déclarant nulle la vente de la chose d'autrui, l'acheteur réclame son prix entier, comme payé sans cause, parce que cette vente n'est plus valable aujourd'hui. C'est une sorte de *condictio sine causa*, qu'il intente contre le vendeur, et l'on ne peut pas dire qu'il profite de l'éviction, car lors même qu'elle n'aurait pas eu lieu, il aurait pu agir contre son vendeur, dès qu'il aurait appris que la chose était à autrui, et il aurait obtenu la restitution intégrale de son prix. Cela admis, analysons les dispositions de l'article 1630 ainsi conçu : « Lorsque la garantie a été promise, ou qu'il n'a rien été stipulé à ce sujet, si l'acquéreur est évincé, il a le droit de demander contre son vendeur : 1° la restitution du prix ; 2° celle des fruits lorsqu'il est obligé de les rendre au propriétaire qui l'évince ; 3° les frais faits sur la demande en garantie de l'acheteur et ceux faits par le demandeur originaire ; 4° enfin les dommages-intérêts, ainsi que les frais et loyaux coûts du contrat. »

1° *De la restitution du prix.* — La restitution du prix n'a pas sa cause dans l'obligation de garantie, puisqu'aux termes de l'art. 1629, il doit être rendu par le vendeur qui n'est pas garant de l'éviction. Ce n'est pas, en effet, à titre de réparation d'un préjudice par lui subi, que l'acheteur réclame le prix de vente, c'est comme l'ayant payé indûment, puisqu'il se trouve que la vente était nulle et qu'il ne devait pas la somme qu'il a livrée. Son action n'est donc pas une demande en dommages-intérêts, mais une *condictio indebiti.* Cette observation nous donne l'explication de l'art. 1631, en vertu duquel le vendeur doit la totalité du prix de vente dans tous les cas possibles. Ainsi, il la doit même, alors qu'au moment de l'éviction la chose aurait diminué de valeur ou serait considérablement détériorée. Il importe peu que la détérioration provienne d'un cas fortuit, ou de la négligence de l'acheteur, car il a pu légitimement négliger la chose dont il se croyait propriétaire. Il n'en est point ainsi si la restitution du prix n'avait été qu'un paiement de dommages-intérêts; l'acheteur n'aurait pu exiger que l'équivalent de sa perte. La restitution du prix entre donc toujours, et d'une manière invariable, dans le recours de l'acheteur évincé; il est toujours dû, à moins de convention très-expresse de garantie. A l'inverse, il disparaît quand il s'agit d'éviction d'une partie seulement de la chose vendue; dans ce cas, comme nous le verrons, le recours de l'acheteur se borne au deuxième chef de l'action en garantie, à savoir les dommages-intérêts.

L'art. 885 C. N. établit pour la garantie en matière de partage une règle différente de celle que nous trouvons dans l'article 1630. «Chacun des cohéritiers, dit l'art. 885, est personnellement obligé, en proportion de sa part héréditaire, d'indemniser son cohéritier de la perte que lui a causée l'éviction.» Le cohéritier évincé n'a donc pas droit à la valeur pour laquelle a été estimé le bien pris dans son lot, et de plus s'il y a lieu, à des dommages-intérêts. Il est placé dans la position de l'acheteur du droit romain, il n'a droit qu'à des dommages-intérêts.

On doit comprendre dans le prix les pots de vin ou épingles que l'acheteur a payés en sus de la somme portée au contrat, car ils forment en réalité une partie du prix; le vendeur en a profité comme du prix lui-même, et il doit également les restituer. Il faut y faire rentrer aussi les intérêts que l'acheteur a payés en vertu d'une clause du contrat, lorsque la chose n'a pas donné de fruits à l'acheteur. Ces intérêts, comme accessoires du prix, l'ont augmenté réellement, puisqu'ils sont sortis aussi de la bourse de l'acheteur. Mais si la chose vendue produisait des fruits, et que l'acheteur n'eût pas été forcé de les rendre au propriétaire revendiquant, l'acheteur ne pourrait pas demander à son garant de lui restituer les intérêts du prix, car les deux jouissances se compenseraient. Le prix produit des intérêts à compter du jour du jugement. On assimile l'acquéreur évincé au vendeur à qui le prix est dû; celui-ci a droit, aux termes de l'art. 1652, aux intérêts qui compensent la jouissance dont il s'est dépouillé; celui-là est également privé d'une jouissance, et il doit, en compensation, percevoir les intérêts du prix qui lui est dû.

Mais l'acheteur est obligé de déduire sur le prix qu'il répète : 1° Les sommes qu'il aurait déjà touchées du vendeur, soit pour défaut de contenance, soit pour une charge réelle non déclarée, soit en raison d'un vice caché de la chose vendue, car le prix se trouve en réalité diminué d'autant.

2° Il doit déduire le produit des dégradations dont il a profité (art. 1632), par exemple, des coupes de bois qu'il a faites sur le fonds vendu; en effet, il s'est lui-même remboursé du prix jusqu'à concurrence de ce produit.

3° Enfin, si le vendeur, avant la vente, a fait des améliorations sur le fonds, et que le propriétaire ait remboursé la plus-value à l'acquéreur, ce qui aura été payé à celui-ci sera imputé sur le prix qu'il réclame du vendeur; car cette plus-value était entrée dans le prix de vente, pour une certaine portion, et le prix se trouve diminué d'autant par le remboursement effectué par le propriétaire entre les mains de l'acheteur. Mais le vendeur ne peut faire valoir qu'il a payé certaines sommes quand ce n'est pas l'acheteur qui les a touchées. Par exemple, s'il a transigé avec un premier revendiquant, et que l'acheteur vienne ensuite à être évincé par d'autres, le vendeur ne sera pas en droit d'imputer, sur le prix qu'il doit restituer à l'acheteur, les sommes qu'il aurait déboursées en raison de la transaction.

Une question controversée est celle de savoir si en cas de perte partielle de la chose avant l'éviction, on doit faire une diminution proportionnelle sur le prix, ou, au contraire s'il doit être restitué en entier, comme lorsque la chose se trouve détériorée; en d'autres termes, l'art. 1631 s'applique-t-il aussi bien à la perte qu'à la diminution ou détérioration de la chose? Je ne crois pas qu'on doive donner cette étendue à l'art. 1631. Ce serait déroger formellement à la doctrine de Pothier que les rédacteurs du Code ont constamment suivie, et il faudrait pour cela une disposition expresse qui ne se trouve nulle part. L'art. 1631 presqu'en entier est copié sur un passage de Pothier, où il est dit que le vendeur doit restituer le prix entier, « quand même la chose vendue aurait été depuis le contrat de vente considérablement détériorée, soit par la négligence de l'acheteur, soit par des accidents de force majeure, de manière qu'elle se trouverait, lors de l'éviction, d'une valeur beaucoup inférieure au prix pour lequel elle a été vendue (1). » Or, Pothier n'entendait parler que des détériorations, puisqu'il décide dans un autre passage que la perte partielle retombe sur l'acheteur. Et comme il résulte d'un passage de l'exposé des motifs du projet de loi sur la vente, présenté au corps législatif par M. Portalis (2), que les rédacteurs du Code ont entendu conserver sur la garantie les maximes consacrées

(1) Vente, nos 118, 163 et suivants.
(2) Fenet, t. 14, p. 198 et 199.

par la jurisprudence des temps, et liées aux principes reçus jusqu'à présent, nous sommes autorisés à dire que l'opinion de Pothier doit encore
nous servir de règle aujourd'hui. Outre ces considérations, le texte de l'art. 1631 paraît bien limitatif, il ne parle que de la diminution de valeur;
or, il me semble difficile de voir dans la perte
partielle une diminution de valeur de la chose.
N'est-ce pas plutôt une diminution de la chose
elle-même? D'ailleurs les deux cas ne sont pas
analogues. En effet, quand j'ai été évincé d'une
chose détériorée, la détérioration n'empêche pas
que j'aie été évincé du tout; par conséquent, le
vendeur a manqué pour le tout à son obligation;
c'est pourquoi il doit me rendre le prix entièrement. Mais lorsqu'une partie de la chose a péri
avant l'éviction, je n'ai pu être évincé que de ce
qui restait parce qu'on ne peut pas m'enlever ce
qui n'existe plus. J'ai été privé de la portion qui
a péri non par éviction, mais par suite d'une
force majeure; par conséquent, je ne dois pas
réclamer la portion de prix afférente à cette
perte.

Cette hypothèse de la perte d'une partie de la
chose fait naître une autre question. S'il y avait
tout à la fois perte d'un côté et augmentation de
l'autre, faudrait-il ou non faire compensation ?
J'admets la négative, parce que le terrain apporté

ne doit pas être pris en considération, attendu qu'il n'a pas été vendu ; et en conséquence il ne peut pas être question d'en répéter le prix. On reste donc en présence d'une perte partielle survenue au fonds avant l'éviction, perte qui doit retomber sur l'acheteur comme tous les cas fortuits.

La règle que l'acheteur évincé a droit à la totalité du prix ne s'applique, comme nous l'avons déjà dit, qu'à l'éviction totale et non à l'éviction partielle. Aux termes des art. 1636 et 1637, quand l'acheteur n'est évincé que d'une partie de la chose vendue, il faut distinguer si cette partie est ou non telle qu'il y ait lieu de croire que sans elle il n'eût pas acheté; ou si, au contraire, elle est assez peu importante pour que l'acheteur n'en eût pas moins conclu le marché s'il avait su qu'elle dût lui être enlevée. Dans le premier cas, l'acheteur a une alternative : il peut ou demander la résiliation de la vente, ou se faire rembourser la valeur de la partie évincée, suivant l'estimation à l'époque de l'éviction; dans le deuxième cas, il peut seulement se faire rembourser la valeur de la partie qui lui est enlevée à l'époque de l'éviction. Supposons que la partie évincée soit telle que l'acheteur n'eût pas acheté sans cette partie ; dans cette circonstance, l'art. 1636 donne à l'acheteur le droit de faire résilier la vente, pour se faire restituer son prix d'acquisition, et tous autres dommages-intérêts, en rendant ce qui lui reste de la chose. C'est l'application du principe général écrit dans l'article 1184. On sait qu'aux termes de cet article, la partie envers laquelle l'engagement n'a pas été exécuté, peut demander la résolution du contrat avec dommages-intérêts. Nous dirons donc que le vendeur devra à l'acheteur des dommages-intérêts restreints à ceux qui ont pu être prévus lors du contrat (art. 1150). Ainsi, lorsque l'acquéreur demande la résolution de la vente, les choses se passent comme s'il y avait eu éviction totale, et l'art. 1630 reçoit son application ordinaire ; son prix lui est dû intégralement, quoique la chose ait diminué de valeur ; et si, au contraire, il y a plus-value, le vendeur lui en tient compte indépendamment du prix.

Mais s'il est reconnu que l'acheteur eût néanmoins contracté la vente sans cette portion dont il est évincé, ou bien dans l'hypothèse précédente s'il préfère maintenir le contrat, dans ces deux cas le recours de l'acheteur est borné aux dommages-intérêts. Cela nous est attesté formellement par l'art. 1637. « Si dans le cas de l'éviction d'une partie du fonds vendu, la vente n'est pas résiliée, la valeur de la partie dont l'acquéreur se trouve évincé, lui est remboursée suivant

l'estimation à l'époque de l'éviction, et non pro-
portionnellement au prix total de la vente, soit
que la chose vendue ait augmenté ou diminué
de valeur. » Le premier chef de l'action en garantie disparaît donc; il ne reste plus que le second, comme dans l'action *ex empto*. L'acheteur
ne peut plus répéter une partie proportionnelle
du prix et des dommages-intérêts en sus, s'il
souffre un préjudice supérieur : il n'a droit qu'à
la valeur de la partie évincée, au temps de l'éviction. Est-elle supérieure à la part proportionnelle
du prix, il en profite; est-elle inférieure, il se
trouve en perte de la différence. On voit donc
qu'en cas d'éviction partielle, le tarif de l'indemnité est bien différent de celui qui est suivi pour
l'éviction totale.

Pothier, à ce sujet, distinguait si l'éviction
était d'une partie indivise ou d'une partie divise (1). Dans la première hypothèse, l'acheteur
devait recouvrer une partie du prix *pro quantitate
partis evictæ* et des dommages-intérêts, comme
s'il avait été évincé de la chose tout entière. Dans
la seconde, il avait droit à une partie du prix,
pro bonitate loci, qu'on établissait par une venti-
lation, en se reportant à l'état du fonds lors de
la vente. C'était seulement quand il s'agissait de

____

(1) Vente, nº 139.

fixer les dommages-intérêts dus à l'acheteur, qu'on estimait la chose vendue suivant son état et sa valeur au moment de l'éviction.

Les rédacteurs du Code, ont reproduit la théorie de Pothier sur l'éviction totale; mais ils s'en sont écartés en ce qui touche l'éviction partielle. Il ne s'agit plus ici du prix, mais seulement des dommages-intérêts. On a vivement critiqué la disposition de l'art. 1637, et beaucoup d'auteurs prétendent qu'on ne doit pas l'appliquer à l'éviction d'une partie indivise. Cette idée est-elle juste? Je ne le pense pas. D'abord, la généralité des termes de la loi ne comporte aucune distinction. Puis, on comprend très-bien la règle de l'article 1637, même lorsqu'il s'agit de l'éviction *pro indiviso*; elle se concilie parfaitement avec la règle établie pour l'éviction totale. En effet, quand il y a éviction totale, le contrat est nul, le prix a, par conséquent, été payé sans être dû; et si le vendeur n'en restituait qu'une portion égale à la valeur qu'avait la chose lors de l'éviction, le surplus serait retenu sans cause par lui. Au contraire, dans l'hypothèse prévue par l'art. 1637, la vente, au lieu d'être annulée, est maintenue; le prix qu'a reçu le vendeur n'a pas été payé sans cause; c'est ce qui l'autorise à le garder sauf à indemniser l'acheteur du dommage que lui cause l'éviction; or, ce préjudice est précisément la perte que fait cet acheteur de la valeur actuelle de la portion dont on l'évince. Il n'y a donc pas lieu de distinguer entre l'éviction partielle *pro diviso*, et l'éviction partielle *pro indiviso*.

Nous dirons avec l'unanimité des auteurs que l'éviction n'est que partielle lorsque la chose vendue consistant dans une série de jouissances ou prestations, comme un usufruit, une rente viagère, l'éviction n'a lieu qu'après un certain temps depuis la vente. Dans ce cas, l'acheteur a véritablement absorbé une certaine partie de la chose. Sans doute, le Code considère l'usufruit et la rente viagère comme des êtres moraux, produisant des fruits, et conservant une existence toujours complète jusqu'au jour où ils s'éteignent ; mais, en fait, ce sont bien plutôt des êtres successifs ; chaque produit annuel est en réalité une fraction du capital. L'acheteur évincé après vingt ans de jouissance d'un usufruit dont la durée était de trente ans, ne peut pas, de bonne foi, prétendre qu'il perd l'usufruit tout entier, tel qu'il lui a été vendu. En cas d'éviction d'un semblable droit, la répétition du prix doit donc se borner à la fraction qui représente les années de jouissance restant encore à courir.

Dumoulin et Pothier (1) décidaient qu'il n'y

(1) Dumoulin, *de eo quod interest*, nᵒˢ 127, 128. — Vente, 103.

avait également lieu qu'à une restitution partielle du prix, dans la vente des êtres physiques
qui ont une durée bornée, comme un animal
qu'on achète pour ses services, quand l'acheteur
n'en est évincé qu'après un certain temps de
jouissance. Aujourd'hui, cette question divise les
auteurs. Suivant les uns, peu importe que l'animal enlevé à l'acheteur ait vieilli, c'est toujours
le même animal qui a été vendu; il y a éviction
totale, et, par conséquent, le prix entier doit être
restitué à l'acheteur. Je crois, au contraire, l'opinion de Dumoulin très-exacte. Quand on achète
une chose, ce n'est pas ordinairement son indi-
vidualité physique que l'on considère, mais l'utilité qu'elle peut procurer. L'art. 1631, qui laisse
à la charge du vendeur la diminution survenue
dans la valeur de la chose, ne le condamne pas
nécessairement dans notre espèce à restituer tout
le prix, puisqu'il peut répondre par l'art. 1632,
qui l'autorise à retenir sur ce prix les détériorations dont l'acheteur a profité.

2° De l'art. 1630. Restitution des fruits que
l'acheteur a été obligé de rendre au propriétaire.
Mais, dit-on, supposer que l'acheteur soit forcé
de rendre les fruits au propriétaire, c'est le supposer possesseur de mauvaise foi, puisque l'article 549 C. Nap. enseigne que le simple possesseur ne fait les fruits siens que dans le cas où il

possède de bonne foi ; dans le cas contraire, il est tenu de rendre les produits avec la chose au propriétaire qui la revendique. Or, si l'acheteur est de mauvaise foi, il n'a pas le droit de réclamer de son auteur la restitution des fruits, puisque les fruits rentrent dans les dommages-intérêts, et qu'aux termes de l'art. 1599, l'acheteur de bonne foi a seul droit à une indemnité. On répond que l'acheteur a pu être de bonne foi au moment de la vente, et que ce n'est qu'ultérieurement qu'il a découvert son erreur. Dans ce cas, il a gagné les fruits jusqu'à ce jour ; ce sont ceux-là qu'il peut réclamer à son vendeur. Mais il doit compte au propriétaire des fruits qu'il a perçus depuis le jour où il a su que la chose n'avait pas appartenu à son vendeur. Ainsi, le possesseur évincé doit rendre tous les fruits depuis le jour où il est entré en possession s'il a toujours été de mauvaise foi ; du jour où la mauvaise foi a commencé, si elle est survenue plus tard ; du jour de la demande, s'il a été constamment de bonne foi.

3° De l'art. 1630. Frais faits sur la demande en garantie de l'acheteur, et sur la demande originaire. — Toutefois, les frais de la demande originaire faits antérieurement à la mise en cause du vendeur ne peuvent pas être répétés (art. 2028), de sorte que si l'acheteur n'exerce son recours que par action principale et par le jugement qui a prononcé l'éviction, il ne peut demander que le remboursement du coût de l'exploit introductif d'instance (1). Selon quelques auteurs, si la procédure qui précède la mise en cause est utile au garant, il n'y a plus de motifs pour le dispenser d'en payer les frais ; d'un autre côté, si même depuis la mise en cause l'acquéreur resté dans l'instance, avait par des contestations mal fondées, donné lieu à des frais inutiles, il devrait seul les supporter. On admet de même que l'acheteur n'a pas de recours pour les frais et dépens, quand le vendeur assigné par lui a déclaré valable la prétention du demandeur.

4° De l'art 1630. Frais et loyaux coûts du contrat. — Il s'agit ici de tous les frais que l'acheteur a dû faire pour avoir la chose, c'est-à-dire, les honoraires du notaire, les frais d'acte, de transcription, de purge, etc.

5° De l'art. 1630. Dommages-intérêts. — Nous sommes arrivés au deuxième chef de l'action en garantie. Le vendeur doit, outre le prix, indemniser complétement l'acheteur des dommages que lui cause l'éviction. Nous savons déjà que la clause de non garantie, ou la connaissance par l'acheteur du péril de l'éviction, anéantit ce deuxième chef de la garantie.

(1) Pothier, n° 109, 128. Vente.

De même, si l'acheteur se trouve complétement indemnisé au moyen des diverses restitutions que nous venons d'étudier, il est clair qu'il ne pourra réclamer rien de plus. Mais il est possible que l'indemnité ne soit pas encore complète, et c'est alors qu'il y aurait lieu à un dernier objet de restitution, le seul auquel le Code, dans le 4° de l'art. 1630, donne le nom de dommages-intérêts. Cet objet comprendra deux choses : 1° les dépenses autres que celles qui sont une charge des fruits ; 2° la différence entre le prix de vente et la valeur plus grande de la chose à l'époque de l'éviction.

Occupons-nous d'abord de la plus-value résultant de cas fortuits. « Si la chose vendue, dit l'art. 1633, se trouve avoir augmenté de prix à l'époque de l'éviction, indépendamment même du fait de l'acquéreur, le vendeur est tenu de lui payer ce qu'elle vaut au delà du prix de la vente. » Remarquons combien la loi favorise l'acheteur. La chose a-t-elle diminué de valeur lorsque l'éviction arrive? le contrat est considéré comme non avenu, et l'acheteur recouvre tout son prix. A-t-elle augmenté de valeur? le vendeur est obligé de donner en argent tout le bénéfice que l'acheteur aurait en nature sans l'éviction. Mais le vendeur doit-il cette plus-value, alors même qu'elle est immense, et résulte, en dehors de toutes prévisions, d'événements complétement exceptionnels? Dumoulin et Pothier soutenaient la négative (1), et je crois qu'il faut s'en tenir à cette opinion, par la raison que l'art. 1639 renvoie pour les dommages - intérêts aux règles générales établies au titre des obligations. Or, l'art. 1150 pose en principe que les dommages-intérêts doivent être limités à la somme la plus haute que les parties ont pu prévoir lors du contrat. C'est un principe fondamental qui ne peut recevoir de dérogation que par une disposition expresse; or l'art. 1633 n'implique pas nécessairement cette exception. Il s'explique suffisamment et très-naturellement, comme statuant sur le *id quod plerumque fit.*

Ajoutons, toutefois, que le vendeur devrait toute la plus-value, fût-elle immense, s'il avait été de mauvaise foi.

Le vendeur est comptable envers l'acheteur de la plus-value résultant des réparations ou améliorations faites par celui-ci. Pour les dépenses, cependant, il faut distinguer si elles étaient nécessaires, utiles ou voluptuaires.

Quant aux dépenses d'entretien, il est évident que l'acheteur ne peut en aucune façon les récla-

(1) Dumoulin, *de eo quod interest*, n°s 48 et 57. — Pothier, vente, 132, 133.

mer à son vendeur, puisqu'elles sont considérées comme une charge des fruits. Mais si les fruits ont été restitués au revendiquant parce que l'acheteur était devenu de mauvaise foi après la vente, le vendeur devrait à son ayant-cause les fruits à titre de dommages-intérêts.

Les dépenses nécessaires sont dues alors même qu'il n'en serait résulté aucune augmentation de valeur, puisque l'acheteur a été forcé de les faire. Au contraire, les dépenses simplement utiles ne lui sont dues que jusqu'à concurrence de la plus-value qu'elles ont produite; en effet, l'excédant n'est pas enlevé à l'acheteur par l'éviction ; il se trouvait perdu d'avance par suite du mauvais emploi de la somme dépensée (art. 1634). Quant aux dépenses voluptuaires, le vendeur n'est tenu à aucune indemnité, parce qu'il ne devait pas s'attendre à ce qu'elles fussent faites. Mais l'article 1635 exige comme condition qu'il ait été de bonne foi ; car sa mauvaise foi l'oblige à payer les dommages prévus et non prévus (art. 1150).

L'acheteur sera souvent indemnisé en tout ou en partie de ses dépenses par le propriétaire qui l'évince (art. 555). Ainsi, les dépenses nécessaires lui seront intégralement remboursées par ce propriétaire. Il jouit même du droit de rétention pour se les faire payer; si donc il restitue l'immeuble sans se faire rembourser préalablement ces dépenses, il n'aura aucun recours à exercer contre son vendeur, car s'il est en perte, c'est qu'il l'a bien voulu. Mais, comme il se peut qu'il ne reçoive du revendiquant qu'une indemnité incomplète, le vendeur sera obligé de combler le déficit. On sait, en effet, que le propriétaire est quitte en remboursant au possesseur le montant de la dépense, quoique inférieur à la plus-value, puisque l'art. 555 lui donne le droit de choisir entre les impenses et la plus-value. La position de l'acheteur peut encore être plus mauvaise à l'égard du propriétaire qui l'évince ; si, en effet, il a construit sur le fonds à une époque où sa bonne foi avait déjà cessé, le propriétaire pourra se refuser à l'indemniser de ces dépenses, et le droit de l'acheteur se bornera à enlever ses constructions. Dans ce cas encore, le vendeur sera tenu de parfaire à l'acheteur le montant de la plus-value pour tout ce qui excède la valeur des matériaux enlevés. Quant aux dépenses voluptuaires, le tiers qui revendique n'en est pas tenu, même lorsque l'acheteur les a faites de bonne foi.

Ainsi, l'indemnité due à l'acheteur par le propriétaire revendiquant, n'est pas régie de la même manière que celle qui lui est due par le vendeur. Examinons maintenant la position de l'acheteur vis-à-vis des créanciers hypothécaires qui l'évincent. Autrefois, ces créanciers n'avaient droit à aucune restitution de la part du tiers détenteur; ils exerçaient leur action sur le fonds hypothéqué, dans l'état où il se trouvait lors de la poursuite (1). Aujourd'hui ils sont, au contraire, plus favorablement traités que le vendeur, et l'art. 2175 les autorise à répéter contre le tiers détenteur les dégradations qui proviennent de son fait ou de sa négligence ; il doit se reprocher de les avoir faites, car il est censé avoir connu les droits des créanciers hypothécaires. De même, ces créanciers ne doivent à l'acquéreur que la plus-value à raison des dépenses qu'il a faites, tandis que le vendeur lui doit toute la dépense.

Il faut comprendre dans les dommages-intérêts, les condamnations prononcées contre l'acheteur au profit du revendiquant, à raison des dégradations commises par le possesseur sur la chose vendue, alors même qu'il ne les a faites que depuis qu'il a eu connaissance du droit d'autrui. Il devait, en effet, espérer que le vendeur le maintiendrait en possession, comme il y était obligé ; et ce vendeur qui a manqué à son engagement, en laissant s'accomplir l'éviction, ne peut pas reprocher à l'acheteur d'avoir cru qu'il y serait fidèle. Il doit donc l'indemniser de

(1) Pothier, vente n° 125.

11

toutes les condamnations relatives aux dégradations. Il faut, cependant, en excepter le cas où
les dégradations n'auraient été faites que mé-
chamment, dans le but de faire peser l'éviction
plus fortement sur le vendeur, ainsi que le cas
où les dégradations seraient postérieures à la
demande du tiers qui a évincé; à dater de cette
demande, l'acheteur doit s'abstenir de toutes dégradations, à peine de perdre son recours en garantie (1).

De ce que nous avons admis que les dommages-intérêts ne doivent pas dépasser ceux que
es parties ont pu prévoir lors du contrat, il ré-
ulte que le vendeur n'est ordinairement tenu
que du préjudice souffert par l'acheteur *propter
rem ipsam*, et ne répond pas du préjudice que
l'acheteur a pu également souffrir dans ses autres
affaires. La raison en est que, dans une vente,
les parties n'envisagent, en général, que la chose
même vendue, et ne peuvent prévoir une infinité
d'autres dommages que l'acheteur peut éprouver par suite de l'éviction. Mais il en serait autrement dans deux cas : 1° si le vendeur était de
mauvaise foi, car alors il doit toujours indemniser l'acheteur de tous dommages prévus ou im-
prévus (art. 1150), à la condition qu'ils soient

(1) Pothier, vente, n. 127.

une suite immédiate et directe de l'éviction (article 1151); 2° si les dommages soufferts *extra rem* ont pu être prévus lors du contrat. Ainsi, j'ai établi une auberge dans la maison que vous m'avez vendue. Si vous avez su que j'achetais votre maison dans ce dessein, vous avez pu prévoir que l'éviction me causerait un préjudice dans mon commerce. Dès lors, vous êtes obligé de m'en indemniser aussi bien que de celui que j'éprouve *propter rem ipsam*. Ces principes nous sont enseignés par Pothier, dans son *Traité de la vente* (1).

En résumé, les différents chefs énumérés dans l'art. 1630 se réduisent à deux : 1° la restitution du prix; 2° les dommages-intérêts comprenant incontestablement les frais judiciaires, ainsi que les frais et loyaux coûts du contrat. Nous ferons également rentrer dans ce deuxième chef, la restitution des fruits. Mais ce dernier point n'est pas universellement admis. L'art. 1630, dit-on, suppose que l'acheteur a payé le prix; or, avec le prix, le vendeur devrait rendre les intérêts. Si la loi lui permet de les garder, ce n'est qu'à la condition de rembourser à l'acheteur les fruits qu'il avait été forcé de rendre au propriétaire; donc, les fruits représentant les intérêts, doivent faire

(1) Nos 136, 138.

partie du premier chef de la garantie, et non pas
du second. Mais ce système me paraît en contradiction avec l'art. 1630 qui parle uniquement de
la restitution des fruits. S'il l'avait considérée
comme la restitution d'une partie du prix, le législateur aurait limité la prétention de l'acheteur au taux des intérêts, et d'ailleurs les intérêts mêmes ne font pas partie du prix.

Voyons maintenant quel est l'objet du recours
de l'acheteur obligé de souffrir une charge réelle
non déclarée. Nous avons déjà dit que l'exercice
d'une servitude sur le fonds vendu constitue au
préjudice de l'acheteur une sorte d'éviction partielle ; il convient donc d'appliquer à notre hypothèse les règles posées par la loi dans les articles 1636 et 1637.

D'ailleurs, en ce qui touche les servitudes,
l'art. 1638 reproduit la disposition des deux articles précédents, puisqu'il accorde à l'acheteur
de l'immeuble grevé, le droit de demander la
résiliation du contrat, si mieux il n'aime une indemnité. Toutefois, cette alternative dont jouit
l'acquéreur n'a lieu qu'autant que les servitudes
sont de telle importance qu'il y ait lieu de présumer que l'acquéreur n'aurait pas acheté s'il en
avait été instruit. Dans le cas contraire, il n'a
droit qu'à une indemnité.

Mais quelle est la valeur de cette indemnité? Sur

cette question les avis sont partagés. Suivant M. Troplong (1), le recours de l'acheteur se divise en deux chefs, comme en cas d'éviction totale ; le premier n'est autre que l'action *quanti minoris* pour se faire rendre une partie du prix déboursé ; le second est une action en dommages-intérêts. Seulement M. Troplong n'accorde ce deuxième chef que contre le vendeur de mauvaise foi. Cette théorie s'appuie notamment sur notre ancien droit ; mais je repousse cette autorité par cette raison que les règles du Code sur l'éviction partielle sont entièrement opposées à celles que l'ancienne jurisprudence avait consacrées. Or, il ne peut être douteux pour personne que la réclamation d'une servitude constitue une éviction partielle. Et de plus, qu'était-ce que l'action accordée autrefois à l'acheteur dans notre hypothèse, si ce n'est l'action en garantie des vices rédhibitoires, comme Pothier nous l'enseigne lui-même (2). Et puisque notre Code a pris le soin de distinguer dans deux paragraphes les vices rédhibitoires et l'éviction d'une charge, il ne faut pas aller chercher dans le paragraphe consacré à l'action pour ces vices, les règles qui doivent s'appliquer à l'action pour éviction. Je

(1) Vente, n°s 528 et 523.
(2) Pothier, vente, n° 201.

préfère donc adopter l'opinion de M. Duvergier (1), suivant lequel l'indemnité due à l'acheteur doit être égale à la diminution de la valeur de la chose au temps de l'éviction, et non à la diminution que le prix eût subie si l'existence de la servitude avait été révélée au moment de la vente. Telle est la règle en vigueur pour l'éviction partielle; nous ne pouvons pas y déroger.

Si l'acquéreur demande la résiliation du contrat, il est évident que le vendeur devra lui restituer en entier le prix, ainsi que les frais et loyaux coûts du contrat.

Le Code ne parle pas du cas où l'acheteur se trouve privé de l'usufruit de la chose; mais il me semble que nous devons sans difficulté l'assimiler à une éviction partielle. Son recours se bornera à des dommages-intérêts, basés sur l'estimation de la valeur de l'usufruit à l'époque de l'éviction, que le vendeur sera condamné à lui rembourser.

§ 3. A quelles personnes compète l'action en garantie?

L'action en garantie se donne à l'acheteur et à ses successeurs universels, puisqu'ils ont succédé à tous les droits de leur auteur. Quand l'acheteur

(1) N° 381.

lui-même est évincé, il peut toujours exercer son recours contre son vendeur; il n'en est pas de même indistinctement, et dans tous les cas, lorsque ce n'est pas lui qui a été évincé, mais son successeur particulier. La règle à poser, c'est que l'acheteur, dans ce cas, ne peut agir que lorsqu'il souffre indirectement de l'éviction, ce qui arrivera lorsque son ayant-cause a acquis de lui la chose à titre onéreux. Ainsi, l'éviction subie par un acheteur, un créancier ayant reçu la chose en paiement, un échangiste, etc., motive un recours en garantie du premier acquéreur contre le vendeur primitif. Il peut se plaindre justement que celui-ci n'ait pas rempli ses obligations; lui-même exposé à la poursuite de son ayant-cause, a un intérêt évident à intenter une action récursoire contre son auteur.

Mais le sous-acquéreur peut-il lui-même agir en garantie contre le premier vendeur? Il a incontestablement la ressource commune à tous les créanciers de ce dernier, c'est-à-dire qu'il peut exercer l'action oblique de l'art. 1166: mais n'a-t-il que ce droit là? Ne peut-il pas intenter une action directe contre le vendeur primitif? Évidemment oui, si les parties étaient convenues que le second acquéreur serait subrogé à l'action en garantie du premier; à défaut de cette convention, faut-il y suppléer en présumant que subrogation tacite? La négative n'était pas douteuse en droit romain : l'acheteur seul qui avait contracté était admis à exercer l'action du contrat. Dans notre ancien droit, on admettait cette subrogation tacite. « La demande en garantie, dit Domat, pourra être formée, tant par l'acquéreur que par ses représentants, soit à titre universel, soit à titre particulier. » Pothier accorde également, quoiqu'avec hésitation, à un troisième acheteur le droit de poursuivre directement le premier vendeur. Sous le Code, quelques arrêts déjà anciens ont refusé ce droit au sous-acquéreur, sous le double prétexte que les actions ne se transmettent que par l'effet des cessions, et que l'action en garantie est personnelle. Mais aujourd'hui le droit du successeur particulier de l'acheteur est admis par la jurisprudence et la majorité des jurisconsultes. Son auteur, dit-on avec raison, en même temps qu'il lui transmet la chose, lui transporte tous les droits et actions qu'il pouvait avoir relativement à cette chose; il la lui cède *cum omni causa* et le subroge tacitement en son lieu et place. Et quoique l'action en garantie soit personnelle, cependant il est impossible d'y voir un droit exclusivement attaché à la personne dans le sens de l'art. 1166. La présomption de cession est d'ailleurs fortifiée par l'art. 1122, aux termes duquel « on est censé avoir stipulé pour soi et pour ses héritiers ou ayants-cause. » Donc, le sous-acheteur, étant l'ayant-cause du premier, peut invoquer la stipulation faite pour l'objet auquel il succède. Tout le monde admet que le vendeur originaire peut opposer à la demande toutes les exceptions qu'il aurait pu faire valoir contre l'auteur de celui qui l'attaque. Si donc une clause de non garantie protége le premier vendeur contre la conséquence de l'éviction, elle sera opposable au sous-acquéreur.

Voyons maintenant dans quelles limites devra être admise l'action en garantie du sous-acquéreur contre le premier vendeur. Supposons une première vente faite moyennant 10,000 fr., une deuxième pour le prix de 6,000 fr. seulement, auxquels il faut ajouter 2,000 fr. dus au deuxième acheteur évincé à titre de dommages-intérêts. Cet acheteur, en s'adressant à son auteur immédiat, ne peut lui demander que 8,000 fr. Mais comme il peut exercer l'action de son garant contre le vendeur primitif, on se demande s'il pourra ainsi répéter les 10,000 fr., prix de la première vente ? « On pourrait le soutenir, dit Pothier ; car lorsque je vends une chose à quelqu'un, je suis censé lui vendre et transporter tous les droits et actions qui tendent à faire valoir cette chose (1). » Cette opinion est généralement repoussée aujourd'hui ; on décide que le sous-acquéreur n'a pas le droit de demander au premier vendeur, plus qu'il n'aurait le droit de demander à son propre garant. Du moment, en effet, qu'il est indemnisé du dommage que lui cause la perte de son droit, il n'a plus rien à réclamer ; autrement l'éviction serait pour lui l'occasion d'un bénéfice. D'ailleurs, ce n'est pas dans le contrat de vente primitif auquel il est étranger qu'il puise son droit, mais bien dans son contrat de vente. C'est donc la dernière vente, et non la première qui doit servir de mesure à son action.

Renversons l'hypothèse ! Une première vente a été faite moyennant 6,000 fr., une deuxième pour 10,000 fr. Le deuxième acheteur évincé pourra-t-il demander ces 10,000 fr. au premier vendeur ? Bien certainement, puisqu'il pourrait les exiger à titre de restitution de prix de son vendeur, qui lui-même serait fondé à réclamer autant de son auteur, partie comme restitution de prix, partie comme dommages-intérêts. Or, ce deuxième vendeur n'a-t-il pas transféré la chose à son auteur, *cum omni causa?*

L'acquéreur, avons-nous dit, a le droit d'agir

(1) N° 143, vente.

en garantie contre son vendeur, lorsque le sous-acheteur a été évincé. Or, il se peut que le prix de la première vente soit supérieur à tout ce que l'acheteur a déboursé en indemnités pour son successeur, et en frais, pourra-t-il néanmoins le répéter tout entier? Il est de principe que l'éviction soufferte par un ayant-cause de l'acheteur, ne donne action à celui-ci que lorsqu'il avait intérêt à ce que l'éviction n'eût pas lieu. En se fondant sur cette idée, on pourrait peut-être soutenir que l'intérêt de l'acheteur, qui peut seul donner ouverture à l'action, doit aussi en déterminer l'étendue. On arriverait ainsi à borner le recours en garantie de l'acheteur à la somme qu'il aurait lui-même déboursée comme garant, et qui représente bien réellement tout l'intérêt qu'il avait à ce que l'éviction ne se fût pas produite. Mais cette opinion me paraît devoir être abandonnée, en présence du principe posé dans le Code d'après la théorie de Dumoulin, suivant lequel la restitution du prix est toujours due par le vendeur, en vertu du premier chef de l'action en garantie toujours exigible et toujours invariable.

L'éviction d'un sous-acquéreur à titre gratuit ne saurait ouvrir l'action en garantie du premier acheteur contre son vendeur. Je suppose que Secundus donne à Tertius la chose que lui a vendue

Primus, et que Tertius en soit évincé, Secundus n'aura aucun recours à exercer contre son vendeur Primus. C'était l'avis de Pothier (1) qui justifiait sa doctrine par cette excellente raison, que l'acheteur n'étant sujet à aucun recours de la part de son donataire, se trouve sans intérêt à ce que celui-ci soit maintenu en possession. Les partisans de l'opinion contraire sont obligés de mettre en avant l'intérêt d'affection dont nous parle une loi du Digeste. L'intérêt moral, dit-on, doit être pris en considération aussi bien que l'intérêt pécuniaire. Mais outre que c'est une idée fort contestable en droit romain, je ne vois là qu'une base juridique bien fragile, car elle viendra souvent à manquer si la désunion s'est mise entre les parties.

Nous admettons encore avec Pothier, que le donataire évincé ne peut pas agir directement contre le vendeur de son donateur. Je sais bien que Domat enseignait une opinion opposée; mais ne serait-il pas singulier de voir le donataire agir contre le vendeur, tandis qu'il ne peut demander garantie à son donateur?

§ 4. *Contre qui est donnée l'action en garantie.*

L'action de garantie est donnée contre le ven-

(1) Nᵒ 97, vente.

deur et ses successeurs à titre universel. Elle est donnée également contre la caution du vendeur. L'acheteur n'est pas obligé d'appeler la caution en cause, de même qu'en droit romain, il n'était pas tenu de lui faire la dénonciation. Il lui suffit de faire condamner le vendeur pour avoir le droit d'agir ensuite contre elle. Réciproquement, la caution peut opposer à l'acheteur toutes les exceptions qui appartiennent au vendeur lui-même (art. 2036). Elle peut, de plus, se prévaloir des exceptions personnelles à la validité de son cautionnement, de sorte que si l'acheteur veut éviter des difficultés sur ce point, qui pourraient retarder sa poursuite, il fera bien de l'appeler en cause, pour faire déclarer le jugement commun avec elle.

Tout vendeur est tenu de l'action en garantie, et à cet égard, il n'y a aucune distinction à faire entre les ventes ordinaires faites par contrat privé, et celles qui, en raison d'une protection spéciale, ne peuvent avoir lieu qu'en justice, aux enchères publiques, et après l'accomplissement des formalités exigées par la loi. Une question controversée, est de savoir si les ventes par expropriation forcée donnent lieu à la garantie? Supposons qu'un créancier ait saisi l'immeuble de son débiteur, et qu'un tiers en soit devenu adjudicataire : l'adjudication transmet à ce dernier tous les droits que le saisi avait sur la chose, mais elle ne lui en transmet pas d'autre. Cet adjudicataire vient à être évincé sur une action en revendication, aura-t-il une action en garantie, et contre qui ? Car il se trouve simultanément en présence de créanciers saisissants, du débiteur saisi, et de créanciers qui ont touché le prix de vente.

Quelques auteurs donnent à l'adjudicataire l'action en garantie ordinaire contre le créancier saisissant. Le garant, dit-on, c'est le poursuivant. C'est lui qui joue le rôle de vendeur, qui fait rédiger le cahier des charges. C'était à lui de s'assurer si le saisi était propriétaire de l'immeuble, et puis l'adjudicataire n'a de rapports qu'avec le poursuivant ; dès-lors il serait injuste de le contraindre à recourir contre le saisi ou contre les autres créanciers qu'il peut ne pas connaître. Il faut donc que le saisissant soit tenu de la garantie commune, à l'exemple d'un vendeur.

Cette opinion trouve peu de partisans, par cette raison qu'il n'est pas juste d'assimiler à un vendeur le créancier saisissant. Qu'a-t-il fait ? Il s'est adressé à la justice pour enlever la chose au débiteur, pour obtenir son paiement sur le prix qui en sera donné ; mais il n'a pas vendu lui-même. C'est la justice qui vend pour le compte et comme mandataire légal du saisi.

Mais si le créancier saisissant ne peut jamais

être poursuivi comme vendeur, et en vertu de l'art. 1626, il pourrait l'être, au contraire, comme responsable de sa faute, et en vertu de l'art. 1382, s'il avait commis dans sa poursuite d'expropriation des irrégularités de nature à faire annuler l'adjudication. Ajoutons qu'il serait également tenu, s'il avait dû facilement voir que l'immeuble n'était pas au débiteur, qu'il n'en était pas regardé comme propriétaire dans le public, et à plus forte raison, s'il avait saisi de mauvaise foi, sachant qu'il était à autrui. Dans ce cas, l'adjudicataire évincé pourra le poursuivre en dommages-intérêts. Mais, remarquons-le, autre chose est cette action, autre chose, l'action en garantie. Pour exercer celle-ci, l'acheteur n'a qu'à invoquer l'éviction, tandis que pour agir en vertu de l'article 1382, il faut qu'il prouve d'abord qu'il y a eu un dommage, et ensuite que le créancier saisissant a été en faute et de mauvaise foi.

En ce qui touche le débiteur saisi, on se demande également si l'adjudicataire peut intenter contre lui l'action en garantie? Pour soutenir l'affirmative, on invoque les termes de l'art. 1626, qui donne d'une manière générale l'action en garantie à tout acquéreur. Or, dit-on, l'adjudicataire est l'acheteur, et le vendeur c'est le saisi. S'il n'a pas joué un rôle actif, il a été du moin lié à la saisie; il n'est pas resté étranger à la procédure qui devait aboutir à l'adjudication; il a reçu la dénonciation de la saisie; il a été sommé de venir prendre connaissance du cahier des charges. Il devait à ce moment faire connaître les doutes qu'il avait sur sa propriété; il est en faute puisqu'il a causé à l'acheteur le même préjudice que s'il avait vendu lui-même, n'est-il pas naturel de le soumettre à l'action en garantie?

L'opinion contraire, soutenue autrefois par Pothier (1), me paraît préférable. Sans doute, l'art. 1626 soumet le vendeur à garantir l'acheteur évincé; mais la question est de savoir qui a vendu dans notre hypothèse. Ce n'est pas le saisi, mais la justice. Le saisi n'a donc pas joué un rôle actif, mais un rôle simplement passif. Ce n'est pas lui qui s'est présenté à l'adjudicataire; il lui a été présenté par le créancier saisissant. C'est malgré lui que la vente a été faite, pourquoi donner contre lui l'action en garantie? Nous admettons, néanmoins, avec nos adversaires, que, s'il était démontré que le saisi a été de mauvaise foi en laissant vendre son bien comme sien, alors qu'il savait parfaitement que la propriété en était à autrui, il devrait être tenu de dommages-intérêts envers l'adjudicataire à raison de son dol

(1) Proc. civ. 4ᵉ partie, chap. 287.

(art. 1382). Mais nous savons quelle différence sépare cette dernière action en indemnité d'avec l'action en garantie ordinaire.

Une troisième question s'élève encore à propos de l'adjudication. L'adjudicataire évincé peut-il s'adresser au créancier saisissant, et aux créanciers qui ont touché le prix de l'adjudication, par une autre voie que l'action en garantie? N'a-t-il pas au moins contre ces personnes la *condictio indebiti*? En droit romain, l'acheteur n'avait pas d'action contre le créancier qui avait vendu *jure creditoris*, parce qu'il était censé avoir acheté à ses risques et périls. Notre ancienne jurisprudence s'écartant du droit romain, ainsi que nous l'apprend Pothier (1), avait accordé une action à l'adjudicataire pour la répétition du prix qu'il avait indûment payé. « Quoique l'adjudicataire n'ait pas en ce cas une action de garantie, il est néanmoins équitable qu'il ait une action pour la répétition du prix qu'il a payé... On donne cette répétition contre les créanciers qui ont touché à l'ordre. »

Cette théorie doit-elle être suivie aujourd'hui? On l'a prétendu en se fondant sur l'art. 1377 qui accorde la répétition, encore que la somme fût due aux créanciers, si elle ne l'était pas par celui

____

(1) Proc. civ. 4º partie, chap. 287.

qui a payé. Or, dit-on, l'adjudicataire ne doit le prix des biens que s'il a acquis la propriété. Comme l'éviction qu'il subit démontre qu'il n'a pas été rendu propriétaire, il se trouve n'avoir jamais été le débiteur; et la somme qu'il croyait devoir n'ayant été payée que par erreur, il doit pouvoir la répéter.

J'adopte l'opinion contraire. L'art. 1377 que l'on nous oppose, n'a eu en vue, selon moi, que le cas où le débiteur a payé par erreur *suo nomine*, se croyant débiteur. Mais est-ce là notre hypothèse? Non. L'adjudicataire en payant aux créanciers saisissants, n'a pas payé en son nom, mais pour le compte du saisi, dont il a été le mandataire. En effet, à qui l'adjudicataire devait-il verser son prix? Au saisi, qui à son tour devait le donner aux créanciers saisissants. Voilà comment se décompose l'opération. Sans doute, en fait, l'adjudicataire a payé directement aux saisissants; mais ce n'est que pour éviter des lenteurs. Ainsi, d'un côté, l'adjudicataire n'a pas payé *suo nomine*, et de l'autre, les créanciers ont reçu ce qui leur était dû. Vous ne pouvez pas la soumettre à l'exercice d'une *condictio indebiti*. On nous objecte que priver l'adjudicataire de cette ressource, pour le réduire à un recours contre le débiteur saisi, c'est lui offrir un recours qui peut être illusoire. J'en conviens, mais l'opition que nous combattons ne présente-t-elle pas un danger analogue pour les créanciers saisissants ? Et puisque les positions sont égales de part et d'autre, puisque l'adjudicataire et les créanciers *certant de damno vitando*, il faut permettre à ceux-ci de conserver le prix qu'ils ont reçu, par application de la maxime : *In pari causa melior est possidentis.*

Il ne faut pas confondre avec la vente sur saisie, celle qui est faite par la masse des créanciers cessionnaires, en vertu d'un concordat, des biens du failli. Cette dernière a le caractère d'une vente volontaire qui doit autoriser de la part de l'adjudicataire évincé par suite d'une surenchère, l'exercice d'un recours en garantie contre la masse des créanciers. Si les syndics d'une faillite font procéder à l'adjudication de l'immeuble, nonobstant la demande en résolution formée par le vendeur, et que, par suite, cette demande en résolution soit accueillie, et l'adjudicataire évincé, ils sont responsables envers ce dernier de tous les frais et loyaux coûts de l'adjudication, ainsi que de tous dommages intérêts résultant de l'éviction.

Suivant un arrêt, on ne peut pas étendre au cessionnaire du vendeur l'obligation de restituer à l'acquéreur évincé le prix de la vente. Ainsi l'acquéreur d'un immeuble qui, d'après les conventions arrêtées, a payé une partie de son prix à un créancier du vendeur à qui celui-ci en a fait le transport, serait non recevable, en cas d'éviction, à répéter ce prix contre ledit créancier cessionnaire.

Mais d'autres arrêts ont admis la répétition par application de l'art. 1377. Et d'abord, le cessionnaire ne peut avoir plus de droits que le cédant ; or, si c'était entre les mains de ce dernier que le prix eût été versé, la restitution serait possible ; pourquoi en serait-il autrement quand c'est le cessionnaire qui a reçu ? Ensuite, ce n'est pas de son débiteur que le créancier a reçu dans notre hypothèse ; c'est de l'acquéreur, c'est-à-dire d'une personne qui a payé alors qu'elle ne devait pas. Donc il est juste d'appliquer ici l'article 1377, C. Nap.

La femme qui accepte la communauté participe pour moitié aux obligations contractées par son mari durant le mariage, et, par conséquent, elle est tenue pour moitié de la dette de garantie attachée aux ventes des biens communs qu'il a faites ; si elle avait fait un inventaire, elle ne serait tenue que jusqu'à concurrence de son émolument.

DEUXIÈME PARTIE.

DE L'EXCEPTION DE GARANTIE.

L'obligation de garantie donne naissance à une action et à une exception : *Cui damus actiones, eidem et exceptiones competere multo magis quis dixerit.* Ainsi, l'acheteur fait valoir la garantie par voie d'action lorsqu'il est actionné ou évincé par un tiers; par voie d'exception, lorsque son garant lui-même vient à l'attaquer. Qui doit garantir ne peut évincer. C'est la règle générale que l'on exprime souvent par cette maxime : *Quem de evictione tenet actio, eumdem agentem repellit exceptio.*

Un premier cas d'application de ce principe se rencontre lorsque le vendeur de la chose d'autrui, en étant devenu propriétaire depuis la vente par succession ou autrement, prétend troubler celui qui tient ses droits de lui. Comme il est tenu par le contrat de procurer à l'acheteur une jouissance paisible, il est de son devoir de faire cesser toutes les atteintes portées à son droit par des tiers. Or, ce devoir est bien plus rigoureux encore, quand c'est lui qui est l'auteur du trouble.

Un deuxième cas d'application de l'exception de garantie a lieu, quand le propriétaire de la chose vendue *a non domino* devient l'héritier du vendeur ; il ne pourra pas invoquer sa qualité de propriétaire de la chose pour en dépouiller l'acheteur, puisque sa qualité d'héritier du vendeur l'oblige à garantir l'acquéreur de toute éviction. Cela n'est vrai, toutefois, que lorsque le propriétaire de la chose a accepté purement et simplement la succession de son auteur ; car s'il l'avait acceptée sous bénéfice d'inventaire, comme alors il ne confond pas son patrimoine particulier avec celui du défunt, il ne peut pas être repoussé par l'exception de garantie, quand il agit de son chef, et non comme héritier. L'acheteur attaqué par lui sera donc obligé de subir l'éviction, sauf à exercer ensuite son recours contre les biens héréditaires.

Dans notre ancienne jurisprudence, les légataires et donataires universels ou à titre universel étaient repoussés par l'exception, puisqu'ils étaient tenus personnellement des obligations du défunt ; mais comme ils n'en étaient tenus que *propter bona*, ils pouvaient s'en affranchir, et échapper à l'exception de garantie en abandonnant les biens. Aujourd'hui, il faut donner la même solution pour les légataires universels. Sans doute, l'exception de garantie peut être opposée aux légataires universels ou à titre universel du vendeur, puisqu'ils sont tenus des dettes du défunt. Mais de ce qu'on ne les considère pas comme des représentants de la personne, mais comme de simples successeurs aux biens, il en résulte qu'ils pourront se soustraire à l'exception de garantie, en abandonnant les biens qui leur ont été légués.

Que décider pour les donataires universels ou à titre universel ? La réponse à cette question dépend de celle de savoir si ces donataires sont obligés aux dettes de leur auteur. Je ne fais qu'indiquer ce point, puisque la discussion qu'il exigerait repose sur des principes tout à fait en dehors de notre matière. Je ferai seulement remarquer que la jurisprudence applique assez généralement à ces donataires la règle que nous venons de poser pour les légataires, par la raison qu'elle les considère comme des successeurs aux biens tenus dans une certaine limite des engagements contractés par leur auteur.

La caution ne peut pas plus évincer l'acheteur que le vendeur lui-même avec lequel elle s'est obligée à garantir. Il importe peu, d'ailleurs, que la propriété de la chose appartînt à cette caution dès le moment de la vente ou qu'elle ne lui fût venue que plus tard. Despeisses (1) enseignait que dans ce deuxième cas, la caution pourrait évincer parce que, disait-il, elle ne pou-

(1) Tome 1 n° 10.

vait pas être censée avoir renoncé à un droit qu'elle n'avait pas encore lors du contrat. Mais Pothier (1) n'admettait pas cette distinction, car la caution, au moment où elle a acquis la propriété était soumise à l'obligation de garantie ; dès lors, elle doit tomber sous le coup de la maxime : *Quem de evictione*. La caution ne pourrait pas se prévaloir contre l'exception du bénéfice de discussion. Cette faveur ne lui est accordée que lorsque le débiteur principal peut acquitter la dette. Or, dans notre espèce, la dette consiste dans la cessation des poursuites dirigées contre l'acquéreur ; et, qui peut faire cesser ces poursuites, sinon celui qui en est l'auteur, c'est-à-dire, la caution. Il est vrai que le vendeur pourrait être condamné à payer les dommages-intérêts qui seraient dus pour l'éviction ; mais ce n'est là qu'une obligation secondaire, dont l'acheteur n'est pas forcé d'accepter l'acquittement, tant que l'obligation principale peut être acquittée par l'une des personnes qui en sont tenues.

L'exception est-elle opposable aux héritiers de la caution ? On l'a nié, sous l'influence de la loi 31, Cod, *de Evict.* Mais nous savons que cette loi ne peut servir d'argument sérieux, attendu

(1) Vente, n. 178.

qu'elle est en contradiction avec d'autres textes du Digeste et du Code. Or, les principes commandent une autre solution. Est-ce que les héritiers ne succèdent pas aux obligations de leur auteur? Pourquoi donc vouloir affranchir les successeurs de la caution, d'une obligation qu'elle avait contractée. En vain, nous dit-on que la dette de l'héritier de la caution, se réduisant en des intérêts d'une dette de dommages-intérêts; l'héritier peut, dès lors, évincer l'acheteur, à la condition de payer ces dommages-intérêts. Mais, si cette idée était vraie, il faudrait l'appliquer à tous les garants; ce qui anéantirait l'exception de garantie.

L'aliénation de biens substitués, par le titulaire ou le grevé, et qui devrait être annulée dans l'intérêt de l'appelé, serait protégée par l'exception de garantie contre la demande en nullité de l'appelé, devenu héritier du titulaire ou du grevé, et réciproquement. Il en était autrement dans notre ancien droit, sous l'empire de l'ordonnance de 1747. L'appelé pouvait, à cette époque, revendiquer le bien vendu, alors même qu'il succédait au grevé vendeur, pourvu qu'il remboursât le prix à l'acquéreur. Cette dérogation à la maxime : *Quem de evictione*, nous est ainsi expliquée par Pothier (1) : « L'insinuation de la

(1) Vente n. 160,

substitution la rendant publique, l'acheteur a dû connaître que l'héritage était grevé de substitution, et il doit s'imputer de l'avoir acheté. » Le vrai motif, c'est qu'on voulait laisser les biens dans la famille; aujourd'hui, qu'on y tient moins, il faut revenir à la règle générale et repousser la prétention de l'appelé, par l'exception de garantie.

La règle que le propriétaire de la chose vendue *a non domino*, devenant successeur universel du vendeur, ne peut plus évincer ne cesserait pas par la circonstance qu'il s'agit d'un mineur, dont le tuteur aurait vendu les biens comme lui appartenant à lui tuteur; le mineur serait écarté comme garant.

Si le tuteur avait vendu la chose du pupille, non comme sienne, mais en sa qualité de tuteur, sans observer toutefois les formalités légales, le pupille devenu héritier du tuteur, pourrait-il faire révoquer la vente, ou bien serait-il repoussé par l'exception de garantie? Je crois que la révocation devrait être prononcée, et l'exception déclarée non-recevable. Dans ce cas, en effet, le tuteur n'était pas garant de la validité de la vente; il eût pu même la faire révoquer dans l'intérêt de son pupille; c'était à l'acquéreur à exiger l'accomplissement de toutes les formalités nécessaires pour la validité de la vente. Il ne peut imputer qu'à lui-même le préjudice auquel l'a exposé son imprudence.

Supposons maintenant que ce soit le tuteur qui, après avoir vendu, en sa qualité, mais sans les formalités légales, le bien de son pupille, devienne l'héritier de ce dernier. S'il demande la nullité de la vente, pourra-t-il être repoussé par l'exception de garantie? Quelques jurisconsultes soutenaient autrefois l'affirmative, en disant qu'on doit être plus difficile à admettre un individu à revenir contre son propre fait, qu'à admettre un héritier à critiquer le fait irrégulier de son auteur. Je me range à cette opinion, parce qu'il y a une garantie dont le vendeur est toujours tenu, même quand il serait convenu du contraire; la garantie de son fait personnel, et le tuteur doit y être soumis comme tout autre.

Pour terminer avec les cas d'application de l'exception de garantie, il nous faut dire quelques mots d'une question célèbre qui divise les esprits. Il s'agit de savoir si l'hypothèque légale de la femme s'étend aux immeubles qui sont entrés dans l'actif de la société conjugale, c'est-à-dire aux conquêts de communauté. Je ne peux pas entrer ici dans l'examen des difficultés que soulève ce point délicat; je me bornerai à dire que, selon moi, la femme commune a une hypothèque légale sur les conquêts, non-seulement quand elle répudie la communauté, mais quand elle l'accepte. Cela posé, demandons-nous comment cette hypothèque peut se combiner avec l'aliénation que le mari a pu faire des conquêts de communauté. Une distinction est à faire, suivant que la femme a ou non concouru à l'aliénation. Le concours qu'elle aura donné constituera une renonciation à son hypothèque, et par suite l'immeuble passera aux mains du tiers-acquéreur, affranchi de l'hypothèque légale. Si donc la femme veut exercer contre le tiers détenteur le droit de suite inhérent à son hypothèque, elle sera valablement repoussée par l'exception de garantie. Si, au contraire, elle est restée étrangère à l'aliénation consentie par le mari, son hypothèque légale subsistera, et suivra les immeubles dans les mains du tiers acquéreur, sans que celui-ci puisse se prévaloir de la maxime : *quem de evictione*. Car si on opposait à la femme acceptante qu'elle est propriétaire, et qu'à ce titre elle ne peut pas avoir d'hypothèques, elle répondrait victorieusement que, propriétaire vis à vis de son mari, elle est propriétaire vis à vis de tout autre, et que c'est à ce dernier titre qu'elle invoque son droit hypothécaire.

Écoutons, du reste, ce que dit Bacquet sur cette question : « Le mari, par son contrat de mariage, ayant obligé tous et chacun de ses biens présents et à venir, au paiement et satisfaction des donations et conventions matrimoniales de la femme, il ne peut aliéner les conquêts, non plus que les propres et acquets, sans le droit d'hypothèque créé à la femme, dès l'instant que lesdits conquêts ont été faits, et qu'ils ont été entre les mains de son mari. Autrement la femme serait de pire condition que les autres créanciers hypothécaires (1). »

TROISIÈME PARTIE.

DE LA NATURE DE L'OBLIGATION DE GARANTIE.

L'obligation de garantie est-elle divisible ou indivisible ?

Peu de questions ont soulevé une aussi ardente et aussi longue controverse. Occupons-nous d'abord de l'action.

§ 1er. *L'action en garantie est-elle ou non divisible ?*

L'intérêt de la question s'aperçoit aisément. Si l'obligation de garantie est indivisible, l'acheteur attaqué par un tiers qui se prétend propriétaire des biens vendus, pourra intenter pour le

(1) Bacquet. (Dr. de just. ch. 18, n. 42.

tout l'action en garantie, contre l'un de ses vendeurs, s'il y en a plusieurs, ou contre l'un des héritiers du vendeur. C'est l'application des art. 1222, 1223. Si, au contraire, l'obligation est divisible, il ne pourra actionner chacun des garants que pour sa part ; il devra donc les appeler tous en cause, s'il veut être complètement indemnisé.

Cela posé, quelle solution donnerons-nous ? En ce qui touche l'action en garantie principale, le doute n'est pas possible. Aussi tous les auteurs, même les plus ardents défenseurs de l'indivisibilité, s'accordent à reconnaître que dans ce cas, l'action est parfaitement divisible. Un principe, en effet, domine cette matière. Toute obligation se divise entre les divers débiteurs qui ne sont pas unis par un lien de solidarité ; ils sont étrangers les uns aux autres ; pourquoi l'un d'eux serait-il obligé de payer la dette des autres ? Toutes les fois donc qu'il est possible de revenir à ce grand principe, il faut l'appliquer sans hésitation. De plus, l'art. 1217 définit l'obligation divisible celle qui a pour objet ou une chose qui dans sa livraison, ou un fait qui dans l'exécution, est susceptible de division soit matérielle, soit intellectuelle. Or, quand l'acheteur exerce contre son vendeur l'action en garantie principale, c'est qu'il a été évincé par le tiers revendiquant. Il ne s'agit plus pour le vendeur ou ses héritiers de défendre l'acheteur au procès, et de le maintenir en possession de la chose vendue. L'éviction a été prononcée; il faut maintenant indemniser l'acheteur du préjudice qu'il souffre. L'obligation de garantie se résolvant alors en dommages-intérêts, rentre parfaitement dans les termes de l'art. 1217; elle devient susceptible d'une exécution, par partie, et par suite, peut se diviser entre le vendeur s'il y en a plusieurs, ou entre les héritiers du vendeur, de telle sorte que chacun d'eux ne puisse être poursuivi que pour sa part.

La question est plus délicate, relativement à l'action en garantie incidente, lorsque l'acheteur, avant d'être évincé appelle ses garants au procès. La controverse n'est pas nouvelle; elle prit naissance dans les textes du droit romain, et c'est sur ce terrain qu'elle s'est perpétuée. Avant Dumoulin, plusieurs jurisconsultes avaient soutenu la divisibilité de l'action en garantie. Alciat, entre autres, prétendait que l'obligation de défendre était ou non divisible, suivant que la chose à défendre pouvait ou non se diviser. Après Dumoulin, on admit généralement l'indivisibilité de l'action; et cette opinion compte encore aujourd'hui quelques partisans. Néanmoins, malgré le respect que l'on doit à tant d'autorités, je ne puis adopter cette théorie. Dumoulin et Pothier(1) avaient cru trouver le principe de l'indivisibilité dans les textes du droit romain.

Je crois avoir démontré dans ma thèse latine, que les lois du Digeste et du Code peuvent recevoir une interprétation toute différente de celle que leur donnaient nos deux graves jurisconsultes. Mais laissons de côté le droit romain, et cherchons dans les principes de notre droit actuel, quelle solution doit être admise.

Nous soutenons que la divisibilité de l'obligation de garantie doit être proclamée aujourd'hui, avec certaines réserves. Si, par exemple, l'objet vendu est indivisible, comme on ne peut pas en procurer une jouissance partielle, cette obligation n'étant pas susceptible d'une exécution par partie, ne peut être divisée. Ou bien, quand les parties se trouvent dans les cas prévus par l'art. 1221, l'obligation est indivisible *solutione*. Mais en dehors de ces réserves, l'obligation de garantie est, suivant nous, nécessairement divisible. Dans notre législation, en effet, l'obligation du vendeur consiste à faire jouir l'acquéreur de la chose vendue ; d'où découle pour lui l'obligation de livrer, c'est-à-dire de mettre l'acquéreur en possession, et celle de garantir, c'est-à-dire

(1) Dumoulin, *de divid. et individ.*, 487 et suiv. — Pothier, n. 174.

de conserver à l'acquéreur cette possession qui lui a été transmise par la délivrance. Obligation de livrer, obligation de garantir, ne sont que deux modes de l'obligation de faire jouir ; aussi a-t-on raison de dire que la garantie n'est qu'une délivrance continuée. Dès lors, comment ne pas voir la bizarrerie de la doctrine professée par Dumoulin? L'obligation de livrer est, suivant lui, divisible ; l'obligation de défendre indivisible et l'obligation de payer des dommages-intérêts redevient divisible. C'est pourtant la même obligation dans les trois cas. Si donc l'obligation de livrer, est de l'aveu même de Dumoulin, parfaitement divisible, comment l'obligation de garantie, qui n'en est qu'une conséquence, pourrait-elle avoir une autre nature ? Je sais bien que nos adversaires ne définissent pas comme nous l'obligation de garantie. Pour eux, l'objet immédiat et primitif de cette obligation, c'est la défense de la cause de l'acheteur. Mais cette idée est inexacte ; la défense n'est pour le vendeur qu'un moyen d'exécuter son obligation, de maintenir l'acheteur en possession. La seule chose dont il soit tenu, c'est de faire jouir l'acheteur ; la défense n'est qu'une obligation secondaire. Lors donc que le vendeur a fait maintenir l'acquéreur menacé d'éviction en possession d'une partie de la chose, n'a-t-il pas exécuté une partie de son obligation ? Et si cela est vrai pour le garant, n'en doit-il pas être de même pour ses héritiers. Chacun d'eux doit garantie pour sa part ; et du moment que l'un d'eux a pu faire maintenir l'acquéreur en possession de cette partie, comment ne serait-il pas libéré, puisqu'il a accompli son obligation ? Comprendrait-on que celui qui, avant la délivrance, n'était tenu de transmettre que la possession d'une partie, fût après la délivrance obligé de conserver à l'acquéreur la possession de toute la chose !

Mais, dit-on, chaque garant est obligé de défendre l'acquéreur pour le tout, car il est impossible de défendre pour partie ; comment faire valoir la moitié d'un argument, produire la moitié d'un titre ? Je réponds d'abord que le garant n'est aucunement obligé de défendre l'acheteur ; c'est une faculté pour lui, et non une nécessité. S'il reconnaît que la prétention du tiers demandeur est fondée, n'est-il pas libre d'abandonner l'acheteur ? La défense en justice n'est pour le vendeur qu'un moyen d'exécuter son obligation qui est de maintenir l'acheteur en possession ; mais ce n'est pas le seul, et il peut arriver au même résultat par d'autres moyens. Il me suffit de citer la transaction. Or la transaction pourrait avoir lieu pour partie; cela n'est pas douteux. Je vais plus loin ; et je dis qu'il est faux de prétendre que la défense ne peut être partielle. Si le vendeur a laissé plusieurs héritiers, ils ont tous, il est vrai, les mêmes moyens à faire valoir ; mais chacun d'eux les invoquera pour sa part. C'est dans la conclusion qu'il faut voir si l'on a défendu pour le tout ; et chacun des garants non seulement ne conclura que pour sa part, mais il n'aurait pas le droit de conclure pour le tout. Si la chose a été vendue par plusieurs personnes, chacune d'elles ne pourra plaider que pour sa part, et en ayant recours à ses propres titres ; il leur serait impossible de se défendre les unes les autres.

On nous objecte encore que notre système réduit l'acheteur à n'avoir qu'une partie de la chose vendue, à souffrir des morcellements, ce qui est contraire à l'intention des parties qui ont voulu que l'acquéreur eût la chose entière.

La réponse est facile. La loi elle-même n'oblige-t-elle pas l'acheteur à supporter des morcellements de la chose vendue? Quand l'acheteur est évincé d'une partie de la chose, s'il n'est pas probable qu'il eût refusé de conclure le marché sans cette partie, il ne peut faire résilier la vente. Or, si l'acquéreur évincé pour le tout agit contre son vendeur, et que ce dernier le fasse maintenir en possession d'une partie de la chose, pourquoi aurait-il contre lui plus de droits que si, dès le principe, il n'avait pas été évincé de cette partie?

Voilà pour l'action ; *quid* de l'exception ?

§ 2. *L'exception de garantie est-elle ou non divisible?*

Je suppose qu'une personne vienne réclamer en son nom propre l'objet dont elle garantit la possession, comme héritière pour partie d'une autre. L'acheteur la repousse par la maxime : *quem de evictione.* Si l'exception est indivisible, la personne doit être tenue pour le tout, quoique n'étant héritière que pour partie, et son action en revendication contre l'acheteur est complétement paralysée. Si, au contraire, chacun des héritiers du vendeur, n'est tenu de l'obligation de garantie comme de toutes les obligations du défunt que pour la part qu'il prend lui-même dans la succession, il sera forcé de laisser une part à l'acheteur ; mais les autres parts lui seront attribuées. Cela dit, comment résoudre la question ? Puisque nous avons admis précédemment la divisibilité de l'action en garantie, nous devons, pour être logique, admettre également la divisibilité de l'exception. Tout dépend de ce point de départ ; aussi ai-je de la peine à comprendre comment Dumoulin (1), a été amené à reconnaître la divisibilité de l'exception, lui qui soutenait avec tant d'énergie l'indivisibilité de l'action.

Il y a dans sa doctrine une inconséquence grave, conforme à l'équité, je le veux bien, mais que la logique ne saurait admettre. Qu'est-ce en effet, que l'exception de garantie, sinon l'action même en garantie intentée avant la réalisation de l'éviction? Le débiteur de la garantie vient attaquer l'acheteur; s'il l'évince, le droit à la garantie s'ouvre; et au moyen de son action, l'acheteur dépouillé reprendra la chose vendue dans les mains de celui qui l'en a privé. C'est pour empêcher ce résultat, que l'on a imaginé l'exception de garantie, mais au fond, l'action et l'exception ne sont qu'une seule et même chose; dès-lors il faut leur appliquer la même solution. Ces quelques mots suffisent, je crois, pour démontrer que l'exception de garantie, est comme l'action, nécessairement divisible, sans qu'il soit besoin de reproduire ici les arguments compliqués et subtiles que l'on rencontre dans Dumoulin.

Connaissant la nature de l'exception de garantie, il nous sera facile de nous prononcer sur la

(1) Dumoulin, *de divid. et individ.*, n. 472.

question suivante : Faut-il appliquer la règle, *quem de evictione*, à la femme commune en biens, lorsqu'après la dissolution du mariage, elle vient revendiquer un de ses immeubles aliénés par le mari durant la communauté? Quand la femme renonce, tout le monde reconnaît que son action ne peut pas être paralysée par l'exception de garantie ; mais quand elle accepte, et qu'elle se soumet ainsi pour moitié, aux obligations tombées dans la communauté du chef du mari, la question devient délicate. Dans un premier système, la femme peut revendiquer la totalité de son immeuble, sauf à payer au tiers acquéreur la moitié du prix d'acquisition et des dommages-intérêts qu'il peut réclamer.

Dans un second, la femme peut revendiquer son immeuble ; sauf à rembourser à l'acheteur la moitié du prix d'acquisition. Elle n'est aucunement tenue des dommages-intérêts.

Dans un troisième système, la femme ne peut revendiquer son immeuble que pour moitié. Ce dernier système me paraît seul acceptable. En effet, la dette de garantie que le mari a contractée vis-à-vis du tiers, en vendant l'immeuble de la femme, est, par rapport aux acquéreurs, non pas une dette personnelle du mari, mais une dette de la société conjugale dont la femme se trouve tenue pour moitié, du jour où elle a accepté la communauté. Dès lors, il lui est impossible d'évincer l'acquéreur de la moitié dont elle lui doit garantie; en conséquence, l'exception de garantie lui sera valablement opposée pour moitié. On objecte que nous arrivons ainsi à dépouiller la femme de ses biens, ce qui nous met en contradiction avec la loi elle-même, dont le but a été d'empêcher absolument toute aliénation faite sans la volonté de la femme (art. 1428). Mais ne voit-on pas que cette volonté de la femme existe précisément ici? Ne se dépouille-t-elle pas volontairement de ses biens en acceptant la communauté, et avec elle les obligations qui y sont tombées du chef du mari? L'art. 1428 se trouve écarté; et il nous reste la grande maxime : *Quem de evictione*, à laquelle la femme ne peut échapper.

QUATRIÈME PARTIE.

QUAND CESSE LA GARANTIE.

Indépendamment des modifications que peut recevoir la garantie et de son exclusion totale ou partielle, suivant les règles que nous avons déjà vues, il est des cas où l'acheteur évincé peut se voir privé de toute action contre son vendeur. En premier lieu, l'acheteur, comme nous l'avons déjà dit, se trouve déchu de tout recours, si l'éviction lui est imputable comme procédant de son fait ou de sa faute. L'acheteur est en faute, s'il délaisse volontairement la chose vendue au tiers, qui la réclame, et dont la prétention n'est pas fondée, et, par conséquent, l'éviction reste à sa charge, puisqu'il ne parvient pas à justifier le délaissement. Il est encore en faute, s'il se défend mal dans le procès engagé avec le demandeur en éviction, en ne présentant pas tous les moyens propres à assurer son succès.

L'acheteur ne peut se compromettre par une mauvaise défense que lorsqu'il soutient seul le procès, et sans avoir appelé le vendeur ; car, c'est à ce dernier, lorsqu'il a été mis en cause, à diriger le débat comme il l'entend.

L'acheteur qui n'a pas mis son garant en cause doit appeler du jugement qui l'a condamné en première instance ; autrement, il perd son recours si le jugement a été mal rendu. Il est juste, en effet, de n'accorder de recours à l'acheteur que lorsqu'il a employé tous les moyens à sa disposition pour n'être pas évincé.

Quand la chose a péri, l'éviction devient impossible ; et le vendeur se trouve libéré de son obligation de garantie. Mais on peut se demander si la perte de la chose doit libérer le vendeur, dans le cas de vente de la chose d'autrui. L'acheteur ne peut-il pas prétendre que l'art. 1599, en prononçant la nullité de la vente faite *a non domino*, lui permet d'agir en restitution du prix, même quand la chose n'existe plus? A cet égard, je suis très porté à invoquer, par analogie, la disposition de l'art. 1647, et à décider que la perte de la chose doit éteindre l'action en nullité comme elle éteint l'action en rédhibition.

Les deux cas me paraissent devoir être logiquement soumis à la même règle; celui qui a vendu de mauvaise foi un animal atteint d'un vice tel qu'il est à charge à l'acheteur ne mérite pas d'être traité plus favorablement que le vendeur de la chose d'autrui. Les acheteurs, dans l'un et l'autre cas, peuvent tenir la vente pour valable, sinon rendre la chose, et redemander le prix. Je pense, en conséquence, que la perte de la chose doit libérer le vendeur de la chose d'autrui, comme elle libère le vendeur d'une chose vicieuse.

CHAPITRE VI.

DE LA GARANTIE DES DROITS INCORPORELS.

§ 1. *De la garantie dans la vente des créances.*

Celui qui cède une créance est un vendeur; en cette qualité, il est tenu de la garantie. Cette obligation pèse sur lui indépendamment de toute clause spéciale ; mais elle peut être modifiée par la convention des parties. Il faut donc distinguer la garantie de droit dérivant de la loi, d'avec la garantie de fait, qui résulte des conventions.

PREMIER POINT. *De la garantie de droit.* — Le principe de cette garantie est posé, et l'étendue en est déterminée dans les deux art. 1693, 1694. Art. 1693 : « Celui qui vend une créance ou un autre droit incorporel, doit en garantir l'existence au temps du transport, quoiqu'il soit fait sans garantie. » Art. 1694 : « Il ne répond de la solvabilité du débiteur que lorsqu'il s'y est engagé. »

La garantie que le cédant doit au cessionnaire, sans qu'il soit nécessaire d'en parler, lors de la cession, est l'obligation de maintenir le cessionnaire dans la paisible possession de la créance, et s'il ne le peut, de l'indemniser. Le vendeur doit garantir l'existence de la créance, c'est-à-dire garantir à l'acquéreur qu'il y a un débiteur de la créance cédée, que la créance cédée est valable, et qu'elle appartient au cédant. Celui-ci peut donc être tenu de la garantie dans ces trois cas : 1° si lors du transport, la créance n'existait pas, soit qu'elle n'eût jamais existé, soit qu'elle fût éteinte par compensation ou autrement, 2° si cette créance vient à être rescindée ou annulée ; 3° si elle appartient à autrui.

Quand les parties ne règlent point par une convention spéciale l'étendue de l'obligation du vendeur, celui-ci ne répond pas de l'insolvabilité actuelle ou future du débiteur cédé. Ainsi, le cédant vend sa créance telle qu'elle est, et le cessionnaire l'achète à ses risques et périls ; on ne lui vend pas une bonne créance, une créance utile qui amènera paiement; on lui vend, et il achète une créance. Si la créance existe, l'obligation du cédant est complétement exécutée, car il a tenu toute sa promesse ; il a procuré ce à quoi il s'était engagé. Tant pis pour l'acheteur si la créance est mauvaise, et s'il n'en retire pas le profit qu'il en attendait ; c'est un spéculateur dont la spéculation n'a pas réussi. En matière de partage, au contraire, la garantie porte sur la solvabilité même du débiteur de la créance, de la rente, au moment où le partage a été effectué. La raison de différence entre ces deux hypothèses vient de ce que le copartageant ne cherche pas à spéculer comme l'acheteur d'une créance, mais à obtenir la part à laquelle il a droit.

Cette garantie de l'existence de la créance s'étend, bien entendu, aux accessoires annoncés par le vendeur, comme dépendant de la créance, tels que priviléges, hypothèques. Il se peut, en effet, que l'acheteur ne se soit décidé à devenir cessionnaire de la créance, qu'en considération des avantages qu'il y croyait attachés. Le cédant doit garantir l'existence de la créance, jusqu'à concurrence de la somme qu'il a indiquée, ou de l'avantage qui devait en résulter pour le cessionnaire, d'après les conditions dans lesquelles elle se trouvait placée; si ces conditions font défaut, le cessionnaire a l'action en garantie.

Tout événement qui, postérieurement au transport, affecte le droit cédé, ne saurait engager la responsabilité du cédant, à moins qu'il ne procédât d'une cause antérieure à la cession; par exemple, si c'était un jugement qui prononçât la rescision du droit cédé. L'acheteur ne peut rien réclamer si c'est par sa faute ou sa négligence, que le droit cédé s'est éteint, comme s'il a laissé s'accomplir la prescription.

Quels sont les effets de la garantie du droit? Il est reconnu que la créance cédée n'existait pas; le cessionnaire subit une éviction, que pourra-t il demander au cédant? Il est évident que le transport qui lui a été fait, ne doit pas être pour lui une cause de perte. Il pourra donc réclamer le prix de la cession, les frais de l'acte, les dépens de l'instance, tous les frais que le cessionnaire a faits en exerçant contre le cédé, des poursuites restées inutiles, soit parce qu'il n'était pas débiteur, soit parce qu'il l'était d'une autre personne

que le cédant. En un mot, on applique, sans difficulté, au cessionnaire les trois premiers alinéas
de l'art. 1630. Mais le doute arrive relativement
au 4° de cet article. On sait qu'il accorde à l'a-
cheteur ordinaire le droit de réclamer au vendeur tous dommages-intérêts; en d'autres termes, le vendeur doit à l'acheteur évincé, compte
non-seulement de la perte que lui cause l'éviction,
mais encore du gain qu'elle l'a empêché de faire.
Appliquerons-nous cette disposition à la cession
de créances? Je suppose qu'une créance de
20,000 fr. a été cédée pour 15,000 fr. et que le
cessionnaire en soit évincé, sera t-il fondé à dire
à son auteur : Je vous ai acheté pour 15,000 fr.
ce qui vaut 20,000 fr. Si la créance cédée eût
existé, j'aurais fait un bénéfice de 5,000 fr. In-
demnisez-moi de ce gain sur lequel j'ai compté,
et que je manque de faire par suite de l'inexécu-
tion de votre promesse. Doit-il être écarté? Pour
soutenir la négative, on dit qu'il est très-incer-
tain que le cessionnaire eût pu se faire payer par
le cédé, le montant de la créance. Il y a là quelque chose d'aléatoire. En effet, dans l'art. 1694,
lorsque le cédant a promis au cessionnaire la
garantie de la solvabilité du débiteur, il ne s'engage que jusqu'à concurrence de la somme par
lui reçue. Or, il n'y a pas de raison pour donner
plus d'étendue à la garantie de droit qu'à cette

promesse formelle dont parle l'art. 1694. Cette décision est, du reste, conforme au vœu de la loi, qui, voyant d'un mauvais œil, les acheteurs de créances, n'a pas voulu favoriser leurs spéculations.

Dans une autre opinion, on accorde à l'acheteur le droit de réclamer au vendeur le montant de la créance. Il n'y a, dit-on, rien dans le chapitre VIII, du liv. 3 du Code civil, qui déroge aux principes généraux de la vente. L'acheteur d'un bien corporel peut se plaindre du préjudice qu'il souffre par la faute de son vendeur : de là, le 4° de l'art. 1630. En cas de cession d'une créance, quand un préjudice est causé, il doit être réparé par celui qui en est l'auteur. Si la propriété de la créance avait été transmise à l'acheteur, il se ferait payer ou il pourrait se faire payer par le cédé. Quant à l'art. 1694, il ne fournit aucun argument contre cette solution, puisqu'il ne statue pas dans le cas qui nous occupe. Il suppose, en effet, que le cessionnaire garde la créance, tandis que nous raisonnons dans l'hypothèse où le cessionnaire est évincé. Le cédant doit donc indemniser le cessionnaire du préjudice que lui cause l'éviction.

Telle est la garantie qui existe par la seule force de la loi. Les parties peuvent, par des conventions, la faire disparaître, mais pour que cet effet fût produit, il ne suffirait pas de dire que la cession est faite sans garantie. Cette clause ne servirait qu'à exclure formellement la garantie de la solvabilité du débiteur cédé, ainsi que l'obligation pour le vendeur de payer des dommages-intérêts. Mais le cédant n'en serait pas moins astreint à assurer à l'acquéreur l'existence du droit cédé, et à lui en restituer le prix, en cas d'éviction. Pour que le cédant fût affranchi même de cette dernière obligation, il faudrait qu'à la stipulation de non-garantie se joignît cette circonstance que le cédant a déclaré l'incertitude du droit ou les causes qui menacent son existence, ou que le cessionnaire ait eu, lors du transport, connaissance de ces dangers. Il en serait de même si le cessionnaire avait acheté à ses risques et périls, manifestant par une clause de l'acte qu'il accepte les chances d'un droit qu'il regarde comme certain.

Deuxième point. — *Garantie de fait.* — Les parties peuvent modifier la garantie de droit en lui donnant un effet plus étendu que celui qu'elle a d'après la loi. Les clauses extensives qui constituent la garantie conventionnelle, peuvent se ranger en trois classes : 1° le cédant répond de la solvabilité actuelle du débiteur (art. 1695). C'est ce qui a lieu quand le vendeur déclare promettre la garantie de tous troubles et évictions, ou seulement la *garantie de fait*, ou encore la *garantie de la solvabilité*. Pour que le cédant soit garant de la solvabilité du débiteur, il n'est pas nécessaire qu'une promesse spéciale ait été faite. Une promesse générale de garantie est suffisante, puisque les parties, en insérant dans l'acte la clause que la vente est faite avec garantie, sans aucune addition, ont évidemment voulu ajouter quelque chose à la garantie de droit. Pour interpréter la convention de manière à lui faire produire quelque effet, on ne peut la rapporter à la garantie de l'existence de la créance qui est toujours due; il faut donc l'appliquer à la solvabilité du débiteur.

2° La garantie de fait peut s'étendre jusqu'à la solvabilité future du débiteur, il faut pour cela que la vente contienne soit la promesse expresse de garantie de solvabilité future, soit une clause équivalente, comme serait celle de *fournir et faire valoir*. Pothier, qui nous apprend que des doutes avaient surgi sur l'interprétation de cette clause, l'entend dans le sens que nous lui avons donné, mais avec une restriction fort équitable. Loyseau (1) et Pothier décidaient que le vendeur, en promettant de *fournir et faire valoir*, s'engage ou à garantir la solvabilité future du débiteur, et à

______

(1) Loyseau, chap. 3, n. 10, 20. Pothier, 559.

payer, mais après la discussion de celui-ci. Quoi de plus juste? car fournir, c'est procurer ce qui pourrait manquer ; *faire valoir*, c'est rendre la créance efficace, quand viendra l'époque du paiement.

Pour que ces clauses produisent leur effet, il faut que l'insolvabilité du cédé et l'impossibilité de recouvrer la créance, ne proviennent pas du fait du cessionnaire. Il serait donc sans recours, s'il avait déchargé les cautions, ou donné main-levée des hypothèques. Le cédant serait encore affranchi de toute responsabilité, si le cessionnaire avait nui par sa négligence, au recouvrement de la créance, en laissant prescrire les hypothèques, en négligeant de renouveler les inscriptions. L'acheteur, par la cession est devenu le mandataire du cédant pour faire tout ce qui tendrait à la conservation de la créance ; il ne doit pas contribuer, par son fait ou sa négligence à faire arriver la condition qui donnera naissance à l'obligation subsidiaire du cédant, l'insolvabilité du débiteur.

3° Enfin, le vendeur pourrait aller jusqu'à s'obliger à payer lui-même, soit après simple commandement au débiteur, soit même sans commandement et dès l'échéance de telle époque. Dans ce cas, le cessionnaire peut recourir contre le cédant sans être tenu de discuter le débiteur, ni les cautions ou les hypothèques qui accompa-

gnent la créance. Dans cette troisième hypothèse, la négligence du cessionnaire exclut-elle,
comme précédemment, la garantie? Il faut, je
crois, distinguer suivant que le cédant a conservé
les titres, ou qu'il les a remis au cessionnaire Dans
cette dernière circonstance, le cessionnaire est
responsable de sa négligence.

Effets de la garantie conventionnelle. — L'article 1694 décide que lorsque le cédant a garanti
la solvabilité actuelle du débiteur, il en répond
jusqu'à concurrence seulement du prix qu'il a
retiré de la créance. La même décision doit être
étendue à la clause de fournir et faire valoir.
Peut-on convenir que le cédant devra garantir la
solvabilité non-seulement jusqu'à concurrence
du prix de vente, mais encore jusqu'à concurrence du montant de la créance cédée.

La question dépend des circonstances; s'il est
reconnu en fait que les parties n'ont voulu faire
qu'un prêt usuraire, la convention sera nulle.
Elle sera, au contraire valable, s'il est démontré
que la cession était sérieuse.

§ 2. *De la garantie dans une vente d'hérédité.*

La vente d'une hérédité n'est pas la vente des
objets qui la composent; c'est seulement la vente
d'un droit. Le vendeur transporte sur l'acqué-

reur tous les avantages et toutes les charges qui dérivent de sa qualité d'héritier, en sorte que cette vente peut être plus ou moins profitable, selon que l'actif dépassera plus ou moins le passif. Le vendeur ne doit la garantie que de ce qu'il vend, par conséquent ici, il ne doit que la garantie du droit résultant de sa qualité d'héritier. Garantir sa qualité d'héritier, c'est garantir qu'une succession est ouverte, que le vendeur est appelé à cette succession, enfin que rien ne fait disparaître sa vocation légale, c'est-à-dire qu'il n'est ni renonçant ni indigne, ni écarté de l'hérédité pour le tout ou pour une quote part, par un légataire universel ou à titre universel.

Le vendeur répond toujours de ses faits personnels. Il serait donc responsable de la cession qu'il aurait faite antérieurement de la même hérédité.

Voilà à quelle garantie le vendeur d'une hérédité est soumis de droit lorsqu'il a vendu simplement l'hérédité sans en spécifier les objets ; mais les conventions peuvent modifier cet état de choses. Si le vendeur spécifie les objets dont se compose l'hérédité, il doit les garantir tous. S'il a dit que la succession est de telle importance, il en est garant. S'il a vendu non pas l'hérédité mais les droits bien ou mal fondés qu'il prétend avoir sur la succession, il n'y a pas lieu à garantie, lorsque les prétentions cédées ont été reconnues mal fondées, à moins toutefois, que le cédant n'ait été de mauvaise foi lors de la cession.

Les effets de la garantie en cette matière, se déterminent d'après les règles ordinaires. Le vendeur devra à l'acheteur évincé : 1° la restitution du prix, avec application des articles 1636 1637, si l'éviction n'est que partielle ; 2° celle des frais du contrat ; 3° celle des dépens s'il y a eu procès ; 4° enfin, des dommages-intérêts s'il y a lieu.

La loi 8, Dig. *de hæred. actione vendita*, distinguait entre le cas où l'hérédité n'existait pas, et celui où l'hérédité existait bien, mais au profit d'un autre que le vendeur. Dans la première hypothèse l'acheteur pouvait répéter le prix de vente, dans la deuxième, il obtenait la valeur estimative de l'hérédité. Cette distinction, reproduite par Pothier, est encore enseignée, mais je crois qu'elle doit être abandonnée comme n'étant plus en rapport avec les principes du Code. Maintenant, en effet, que le vendeur doit transférer à l'acheteur la propriété de la chose, et que la vente de la chose d'autrui est nulle, aussi bien que celle d'une chose qui n'existe pas (art. 1583, 1599), le vendeur doit être soumis à la même obligation, celle de restituer le prix, soit que la succession par lui vendue n'existe pas, soit qu'elle appartienne à autrui.

La clause de non garantie insérée dans une vente d'hérédité affranchirait le vendeur de l'obligation de payer les dommages-intérêts, tout en laissant subsister celle de restituer le prix. Pour que cette obligation disparût, il faudrait que le droit eût été présenté comme incertain, ou que l'acheteur eût contracté à ses risques et périls.

POSITIONS.

DROIT ROMAIN.

I. La règle suivant laquelle la chose vendue purement et simplement et non encore livrée, est aux risques de l'acheteur, n'avait pas triomphé sans contestation (D., Loi 33, *Locati conducti*).

II. Dans le contrat *do ut des*, lorsque la chose promise en retour de celle qui a fait l'objet de la *datio* vient à périr par cas fortuit, la perte est supportée par le débiteur, suivant Celsus (L. 16, D., *De condictione causa data, causa non secuta*); par le créancier, suivant Paul (L. 5, § 1, D., *De præscriptis verbis*). Ces textes ne peuvent être conciliés.

III. Lorsqu'une hypothèque a été constituée sur la chose d'autrui, et que le propriétaire devient l'héritier du débiteur, le créancier ne peut, suivant Paul, exercer l'action hypothécaire utile (D., loi 41, *de Pigneratitia actione*). Mais cette doctrine n'avait pas prévalu (D., loi 22, *de Pignoribus et hypothecis*.

IV. La même dissidence s'était produite en matière de vente de la chose d'autrui, lorsqu'il s'agissait de savoir si le propriétaire devenu l'héritier du vendeur, pouvait être repoussé par *l'exceptio rei venditæ et traditæ* (Cod. lois, 11, 14, 31, *de evictionibus*).

V. Au temps des jurisconsultes, le mineur de vingt-cinq ans qui s'obligeait sans l'assistance du curateur, dont il était pourvu, n'avait d'autre ressource que *l'in integrum restitutio*. Mais il y eut sur ce point un changement de législation sous Dioclétien et Maximien, (D. loi 191 *de Verborum obligationibus*. Cod. loi 3, *de in integrum restitutione*).

VI. *L'exceptio rei judicatæ* ne laisse subsister d'obligation naturelle que lorsque la qualité de *verus debitor* est constatée dans la sentence même d'absolution. (*Sic.* D. loi 60, *de condictione indebiti*).

VII. Sous Justinien, le donateur peut s'obliger par un simple pacte à la garantie vis-à-vis du donataire.

VIII. Le créancier gagiste, qui vend *jure pignoris*, la chose donnée en gage est responsable dans tous les cas, vis-à-vis de l'acheteur, d'un défaut de droit en sa personne.

DROIT FRANÇAIS.

I. Lorsqu'une créance de la succession est mise pour le tout, dans le lot d'un seul des héritiers, il y a là une cession translative, et non une attribution purement déclarative.

II. Dans l'espèce précédente, les cohéritiers cédants doivent garantir au cohéritier cessionnaire non-seulement l'existence de la créance, mais encore la solvabilité du cédé, au temps du partage.

III. Le privilége du copartageant pour garantie de la soulte peut porter non-seulement sur les immeubles tombés au lot du copartageant débiteur de la soulte, mais encore sur les immeubles tombés au lot des autres copartageants.

IV. Lorsque le délégué était insolvable au moment de la délégation, le délégataire n'a contre le déléguant qu'une action en garantie.

V. Le tiers-saisi peut payer impunément enrte

les mains du saisi l'excédant des causes de la saisie.

VI. L'obligation de garantie est divisible.

VII. Le légataire à titre universel n'a droit aux fruits qu'à compter de sa demande en délivrance, quand bien même il la formerait dans l'année.

VIII. L'adjudicataire évincé ne peut exercer ni action en garantie, ni action en restitution du prix contre les créanciers saisissants.

DROIT PÉNAL.

I. Les circonstances qui sont de nature à influer sur la qualification légale du crime, étendent aux complices leur effet aggravant, bien qu'elles dérivent des qualités personnelles à l'auteur principal.

II. L'accusé légalement acquitté ne peut plus être recherché à raison du même fait, qualifié d'une autre manière.

DROIT ADMINISTRATIF.

I. En cas d'expropriation pour cause d'utilité publique, le fermier ou locataire a droit à une indemnité, lors même que son bail n'a pas date certaine.

II. Lorsque des travaux d'utilité publique donnent une plus-value à des propriétés voisines, qui ne sont pas partiellement expropriées, une indemnité de plus value peut être due par le propriétaire à l'administration.

DROIT DES GENS.

I. Une puissance neutre qui se rend adjudicataire d'un navire capturé sur une puissance belligérante, ne fait pas acte d'hostilité.

II. Les tribunaux français sont compétents pour connaître des crimes et délits commis à bord d'un navire de commerce étranger, mouillé dans un port français, quand ces crimes et délits, entre gens de l'équipage, ont troublé la sécurité du port, ou lorsque l'intervention de l'autorité française a été réclamée.

HISTOIRE DU DROIT.

I. L'origine du colonat doit être attribuée à des causes multiples, et spécialement à la transportalion de barbares vaincus, en des terres auxquelles ils étaient attachés. (Cod. Théod. 5, 4, *de bonis milit.*)

Vu par le Président de la Thèse.
COLMET DE SANTERRE.

Vu par l'Inspecteur général délégué,
Ch. GIRAUD.

Vu et permis d'imprimer,
le Vice-Recteur de l'Académie de Paris,

MOURIER.

www.ingramcontent.com/pod-product-compliance
Ingram Content Group UK Ltd.
Pitfield, Milton Keynes, MK11 3LW, UK
UKHW021208140726
13695UKWH00002B/416